Lasse Los

Es menschelt! Aber Hallo!

Lars-Locker-Gedichte

AF221345

Lasse Los, Jahrgang 1947, Diplompädagoge und Psychologe, Liedermacher und Dichtender, kurzum: Passionierter und mittlerweile pensionierter Mitmensch, beruflich in verschiedenen sozialpädagogischen und psychologisch beratenden Feldern, auch spirituell begleitend, kreativ tätig gewesen, seit etwa dreißig Jahren seine Lebensweisheiten (ver)dichtend aktiv.

Mensch und Mitmensch

Ein

Mensch

erleidet meist die Leute

als Hörige der eigener Meute.

Bald kann er sich kaum noch erlauben,

an die Unsterblichkeit

zu glauben.

Lars Locker

Lasse Los

Es menschelt! Aber Hallo!

Lars-Locker-Gedichte

Bibliografische Information der Deutschen Nationalbibliothek:
Die Deutsche Nationalbibliothek verzeichnet diese Publikation in der
Deutschen Nationalbibliografie; detaillierte bibliografische Daten
sind im Internet über http://dnb.dnb.de abrufbar.

© 2021 Name des Autors/Rechteinhabers: Lasse Los

Umschlaggestaltung: Lasse Los
Edition LOS Band 20
lasselos@email.de

Herstellung und Verlag:
BoD - Books on Demand,
Norderstedt

ISBN: 978-3-7543-4936-6

Inhalt   Seite

Geleit	**02**
Mensch und Mitmensch	02
Vorwort	**12**
Zur Einführung	**13**
Wer Kopf und Schwanz nimmt	13
Aber Hallo!	**14**
Wort-Bild: Leben ist eben wie Leben ist	14
Außerplanetarische Beschreibung	
des menschlichen Liebesaktes	15
Einmalig	16
Entpuppt	16
Ge(h)schlecht - und - Komm-gut!	
Eine Kabarett - Nummer	17
Hirnjogging für Gehsteigparker	18
„Just for Fun"!?	18
Potenzgeschwächter Gitarrist	19
Selbstbeherrschung	19
Tittensitten	20
Trockenübung	20
Unverhofftes Bäuerchen de Luxe	21
Geschiebeliebe	**22**
Wort-Bild: Keine Lust auf Mass und Mitten	22
Bonobo-FUNtasien	23
Der Atemblocker	23
Der Hormone-Marsch	24
Fun - tast - isch	24
Ganz bieder im Mieder	25
Genussvolle nächtliche Ruhestörung	25

Gesprächs_{ver}führung   26
Hormonverschworene Betörung   26
Variationen mit Uschi   27
LIEBESGETRIEBE   27
Liebessch_wund   28
Liebeswartung für Männer   28
Männliche Leidenschaft   29
Mösewicht in Aktion   29
Meisterlicher Abschluss   30
Normaler Ehe - Flopp   30
Nymphomanin   31
Reckendienst   31
SEX   32
Verführung   33
Wackelkandidat   33

Igittigitt   **34**
Wort-Bild:
Wer dem Stärkeren in den Hintern kriecht   34
Angefurzt!   35
Arschkriechers Schicksal   35
Der Alkohol (Lied)   36
Eigenwilliger Kommentar   36
Fulminant!   37
Gescheiterter Mösewicht   37
Männliche Bitte um Ur-Distanz   38
Miss-Verständnis   38
Mösewichteln   39
Paarungslust oder Mastdarmlast?   39
Scheißfreundlich   40
Und schon kam er aus dem Takt!   40
Unerquicklich   41
Ungewöhnlicher Rettungsversuch
einer kaum noch zu rettenden Ehe   41

Kurz und wendig   42

Wort-Bild: Kurz und wendig   42
Auf hochdeutsch   43
Aufrichtung in der Liebe   43
Auto-intim   43
Begatterich   43
Das Nümmerchen   43
Des Penis` Wehklage   44
Des Pudels Kern   44
Die verschiedenen Brüder   44
Ego-Fick   44
Eine Anschuldigung abwehrende Anfrage zur Lage   44
Ein feiner Pinkel   45
Es prickelte ihr   45
Fortschrittsidee   45
Freie Liebe   45
Frivole Frage   46
Früher Trug   46
Genau!   46
Hinternlastig   46
Hodenbocker   47
Hornplaisir   47
Im Eigenheim Mein-Eigen sein   47
Im Scheitern   47
In die Binsen   47
Junggesellenabschied   48
Liebestrübe Triebesliebe   48
Männerweisheit   48
Middle-Life-Krise?   48
Motorradständer   49
Na, wie war`s?   49
Quantenmechanik   49
Selbst-Liebe   49
Singleling   50

S - Klasse   50
Standgericht[et]   50
Strichmännchen`s Gipfelglück   50
Vor und nach dem Tod   51
Warte nur, balde!   51
Was so alles möglich ist   51
Willkommen im Club!   51

Menschenskind!   **52**
Wort-Bild: Dein Glück hängt nicht vom Manne ab 52
Bist Du wirklich noch gescheit?   53
Den Kürzeren ziehen   54
Freund im Feindesland   55
Ihr Fall!   55
Im Anti-Mann-Bann   56
Männer-Frauen-Kampfspiele   56
Männliche Fürsorge   57
ₘUSCHI   57
Nicht ganz standfest!   58

Menschlich Allzumenschliches   **59**
Wort-Bild: So vieles ist wohl für den Arsch   59
Bedeutungsschwerer Versprecher   60
Befreit will ich nur abhängen!   60
Busenfreundschaft   61
Schwarzes Schluck-Loch   61
Dein treuer Knecht   62
Der Nachteil vom Vorteil   62
Die Herrscherin   63
Ehetragik   63
Es tönt jetzt leiser   64
Falsche Rücksicht   64
Frau Didden   64
Frei von Geist   65

Geschlechtsgeschwächt 65

Ich hab` keine Lust auf Dich 65

Lebend-Dildo 66

Nachbarschaftshilfe 66

Plädoyer für die Heuteschieber 66

Ringel Ringel Röschen 67

So schnell kann`s gehen! 67

Verpasst im Verpisst 68

Wenn Du`s wolltest, das wär` toll! 68

Zum nächsten Sog, der zog 69

Ogottogott! 70

Wort-Bild: Dualismus-Zwist 70

Abgeschlaffte Kirchentitten 71

Adel-heid(in) 71

Beziehungsfron 72

Bittere Einsicht einer alternden Hure 72

Dingsda 73

Donnerschlag 73

Eine nicht gehaltene Abschiedsrede 74

Kl^{a}eriker 74

Liebesverdruss 75

Luther 75

Offenbarung 75

Pechvogel 76

Pfaffen 76

Pfaffen-Konfluenza 76

Pfaffen-pfiffig-angefurzt 77

Pfaffenposse 77

Pfaffensabbelei 78

Pfaffenstyle 78

Vögeln auf der Spur 79

Vorbei! 79

Oh Mannomann!   80

Wort-Bild: Ein Ehe-Gau   80
Ach, mein Beileid!   81
Bedauerlich   81
Belagert   82
Das Möpse-Gedicht   82
Das Tabu   83
Der Busen-Freund   83
Der Möchte-Gern-König   84
Eigentlich und tatsächlich   84
Ein schlechter Liebhaber   85
Erotisch reingelegt   85
Fauler Frieden   86
Frisch-Lust-Anwandlung   86
Ge...iegelt und ge...ügelt   87
Hormoneller Standgewinn   87
Hormonverschworene Betörung   88
Im Stich gelassen   89
In-Frage stehende Männer-Frage   90
Längstens Hengst   90
Kondomierter Selbstbetrug   91
Welch` ein Ehejoch!   91

Schlüpfriges   92

Wort-Bild: Heidegger heute - Nur für Manner!   92
Lieber Martin - Brief von Elfride Heidegger   93
Modell für Heideggers
viele Liebesbriefe an andere Frauen   94
Abschreckung   95
Aufbruchstimmung in den Lenden   95
Aufstiegschancen   96
Beglückter Beglücker   96
Bei unersättlich nicht unersetzlich   97
Brust-Lust-Sabotage   98
Cherchez la femme   98

Der Hormone-Marsch 99
Fiedel Kastro 99
Im Pflegedienst 100
^{M}USCHI - ^{K}USCHI 100
Wort-Bild: Pralle Möpse 101
SCHNELL - SCHNELL 101
Voreiliger Selbstgenuss 102

Weisheitlich Aufgelockertes **103**
Wort-Bild: Don't hit me - Don't hurt me 103
Achtsamer leben 104
Armer Fred 105
Bedrohliche Rettung 105
Bett-Rügen 106
Blickverstrickung 106
Bösewichteln 107
Deutsches Wesen 107
Die sechste Kokosnuss 108
Durchschaut 109
Ein Glaubenssatz der Titten 110
Hormoniumsspiele 110
Koitussi`s Stussi 111
Morgenlatte 111
Parmasanides - oder: Alles Käse! 112
Ratschlag eines alte^{r}n$_{den}$ Weisen 113
Rumpel Stilzchen`s Weisheiten 113
Schaust Du ihn an als eines 114
These - Antithese - Pro-These 114
Sich doppelt selbst versehrt! 115

Ausklang **116**
Trügerisch 116
War`s das? 116

Bisher in der Reihe Edition LOS erschienen **118**

Vorwort

Nachdem ich mich in den vorhergehenden

neunzehn Bänden ernsthaft und ausgiebig mit

unterschiedlichsten Lebensfragen befasst habe,*

breite ich in diesem Band humorvolle bis

schlüpfrige Texte aus, die sich beim Er-

dichten kopf- und herzbetonter Krea-

tionen als Unterleibszentrierte

von meinem Schatten-

bruder Lars Locker

dazwischen ge-

schlichen

haben.

Hier

finden

sie ihren

angemessenen

Ort als Lars-Locker-

Gedichte. Die Anordnung ist nicht

thematisch sondern alphabetisch orientiert.

*Themenschwerpunkte:
Im Staunen bin ich frei gesetzt - Heilsames Misslingen
Kirchen- und Glaubenskritik - Den Umkehr-Blick wagen
Umkehren oder Umkommen - LEBEN im Leben - Stillende Stille
Jetztseits leben - Sterben und Tod - Lieder zu den Themenkreisen.
Siehe auch kommentiertes Literaturverzeichnis am Ende des Buches.

Zur Einführung

Wer Kopf und Schwanz nimmt, hat kein Glück!

„Wer Kopf und Schwanz nimmt, hat kein Glück!
Am besten ist das Mittelstück!"

So lautete der Spruch, den wir
in der Familie rezitierten,
wenn wir die Nachspeise probierten,
in Form gebracht als Fischgetier.

„Wer Kopf und Schwanz nimmt, hat kein Glück!
Am besten ist das Mittelstück!"

Der Spruch, er meinte jene Form
des Fisches, der an Schwanz und Kopf
sich gut verbarg im Formentopf
in abgeflachter Schalennorm.

„Wer Kopf und Schwanz nimmt, hat kein Glück!
Am besten ist das Mittelstück!"

Wer diese Weisheit respektierte,
der wurd` belohnt vom Mittelstück,
das sich ihm reichlich präsentierte
als auserwähltes Pudding-Glück.

„Wer Kopf und Schwanz nimmt, hat kein Glück!
Am besten ist das Mittelstück!"

Ist es nicht auch beim Manne so?

Der Kopf regiert! Der Schwanz verführt!
Wenn im verkrachten Irgendwo
sich das erzeugte Chaos rührt,
dann hilft nur noch das Mittelstück:

Das Herz, es kennt den Weg zurück
aus aller Herrschaftsdominanz
von Schwanz und Kopf,
von Kopf und Schwanz!

„Wer Kopf und Schwanz nimmt, hat kein Glück!
Am besten ist das Mittelstück!"

Außer-
planetarische
Beschreibung des
menschlichen Liebesaktes

Sie stürzen aufeinander zu
und reißen sich das Kleid vom Leib.
Sie lecken, nuckeln, stöhnen: DU!
Das ist ihr Liebeszeitvertreib.

Er streichelt sie, massiert die Brust.
Sie ringen miteinander sehr
und atmen tief und grunzen schwer,
bezeichnen das als Liebeslust.

Sie tauschen ihre Körpersäfte
im rhythmischen Verkehr.
Sie messen ihre Liebeskräfte
und rauchen hinterher.

Sie nennen es den Liebesakt.
Er kostet nicht viel Zeit.
Sie machen`s meist im Wochentakt.
Doch sind sie oft dazu bereit:

Ihr Ritual wird neu vollführt
in wildgewordener Zweisamkeit.
Sie stoßen sich ganz ungeniert
und kreischen so, als wär`s ein Leid.

Dann sinken sie erschöpft dahin!
Was ist bloß bei dem Akt der Sinn?

Einmalig

Sie hat ihn zufällig getroffen,
hat launig ihn sich schön gesoffen,
ist dann mit ihm ins Bett gekrochen,
weiß nur noch: Er hat schlecht gerochen!

Als sie aus ihrem Rausch erwachte,
das Nacht~ge~sche~hen ü-ber-dach-te,
ist ihr der Ma-gen aus-ge-broch-en,
und das hat erst mal schlecht gerochen!

Und plötzlich stand er wieder da!
Sie machte ihm ganz deutlich klar,
dass Gestern-Nacht einmalig war!

Wie einmalig, was da geschah,
das wurde erst nach Wochen klar,
als sie das Testergebnis sah!

Entpuppt

Wenn der Ulf mit seinem Puschi
nach dem schnellen Kuschi-Kuschi
sich erfreut in Uschis Muschi,
treibt es ihn zum Huschi-Huschi
und schon macht er Fuschi-
Fuschi.

Er
entpuppt
sich für die Uschi
als ein ziemlich lascher Luschi
und will auch noch einen Tuschi
für den Einsatz in der Muschi
seiner arg frustrierten Uschi.

Ge(h)schlecht - und - Komm-gut!
Eine
Kabarett - Nummer
und ihre kybernetischen Folgen

Ich bin mit einer Bekannten in einem Restaurant beim Essen. Am Nachbartisch hinter mir sitzt eine Familie mit Kindern und speist auch. Ich erzähle meiner Bekannten den Kabarett-Gag, warum Männer und Frauen so schlecht zusammen passen: Es heißt ja immerhin Ge(h)-schlecht! Kämen sie gut miteinander aus, hieße es sicherlich: Komm gut!

Der Mann am Nachbartisch hat offensichtlich mitgehört, denn er prustet bei der Pointe kräftig und laut los. Da er gerade Spaghetti mit Tomaten-Soße isst, bekommt seine Frau die gesamte heraus gelachte Ladung ab. In ihrem Dekolleté hängen und rutschen die tomatigen Spaghetti-Reste ihres lach-prustenden Mannes. Es folgen ein fürchterlicher Schrei, eine heftige Aufregung der Frau und ein Jammern der Kinder.

Da ich mit dem Rücken zum Geschehen sitze, beschreibt mir meine Bekannte mit unterdrücktem Lachen den weiteren Verlauf am Nachbartisch. Dabei verspeist sie genüsslich ihr Pilzgericht. Als sich nun die besudelte Nachbarin die Spaghettireste aus dem Dekolleté fischt, muss sie ihrerseits so heftig loslachen, dass ich eine volle Ladung ihrer gerade zerkauten Pilze ins Gesicht geprustet be-
komme!

Wie
heißt
es im Gag
doch so treffend:
Ge(h) schlecht statt Komm gut!

Hirn-
jogging für
Gehsteigparker

Ein öffentlicher Gehweg
ist ein öffentlicher Gehweg:
Ein Gehweg, nicht ein Fahrweg!

Vor allem aber ist er als
Gehsteig niemals Parkplatz für
bewegungsfaule Autofahrer!

Geh, steig nun in Dein Fahrwerk!
Fahr weg, such Dir` nen Parkplatz
woanders - auf dem Fahrweg!

Bei Nichtbeachtung ruft dies zwangs-
läufig nach dem Gehsteigwächter!

„Just for Fun"!?

Er springt für ihren Ehemann,
der untreu ist, nur in die Bresche
und geht ihr einfach „Just for Fun"
an ihre Unterwäsche.

Er nimmt sich das, was sie begehrt,
was sie solange schon entbehrt,
weil keiner mehr mit ihr verkehrt!

Und glühend hat sie ihn verzehrt!
Hat ihn der Manneskraft entleert!
Und voller Vorwurf sich beschwert,
als er den letzten Akt verwehrt.

So hat sie ihn dazu bekehrt,
als sie unstillbar ihn versehrt:
Er springt für ihren Ehemann
wohl niemals mehr nur
„Just for Fun"
an dessen Stelle in die Bresche
und geht ihr an die Unterwäsche.

Potenzgeschwächter Gitarrist

Und wird er`s in den Federn nicht mehr bringen,
greift der Gitarre er verstärkt in ihre Saiten.
Er wird sich manchen Höhepunkt erringen,
um sich auch jetzt noch orgasmisch zu verbreiten.

Es werden Angegraute, Abgegraste lauschen,
wie er mit gnadenloser Vehemenz
in - musikalisch nur - gesteigerter Potenz
sich müht, an geilen Sounds sich zu berauschen.

Dann wird er nur noch zu den Klängen stöhnen
und kreischen wie dereinst im Liebeskampf.
Er tobt sich aus, macht der Gitarre Dampf,
um sich an seinen Zustand zu gewöhnen.

Vielleicht wird man ihn irgendwann entdecken?
Denn seine Solos gehen tief hinein ins Becken!

Selbstbeherrschung

Wenn er vor ihr steht, dann juckt es ihm
noch manchmal schwach im Schwanz.
Er bemerkt: Auch bei ihr zuckt es,
abwartend mit Lustbrisanz.

Doch er duckt es,
und sie schluckt es.
Sie verbleiben in Distanz.

Und so stoßen sie vom Throne
die Beherrschung durch Hormone.
Und so kommt`s in unterer Zone
nicht zum Boogie der Hormone!

Tittensitten

Und als sie genug gelitten,
ist die Bürgerin aus Witten
nun dagegen eingeschritten
und hat ihre Rie-sen-tit-ten
gegen ihres Mannes Bitten
sich verkleinern lassen mitten
unter denen, die zum dritten
Male sich den Schönheits-
schnitten unterzogen,
dies bestritten
aus dem
Kapital, dem fitten,
ihrer Lover, die sie ritten,
mal im Bett, mal auf dem Schlitten.

Trockenübung

Wenn ihn
ihre Glocken locken,
fantasiert er, anzudocken,
sie von hinten auf zu bocken,
mit ihr kräftig abzu-
rocken.
Doch aus Angst, sie könnte blocken
und ihn damit einfach schocken,
scheut er sich, sie anzulocken
und übt deshalb lieber
trocken.

Unverhofftes Bäuerchen de Luxe

Wenn Dir einmal ein Bäuerchen
das innere Anstandsmäuerchen
mit Bau~ern~schläu~e überwindet
und so den schnellsten Ausgang findet,
Dir jäh aus Deinem Schlund entweicht,
dann kommentier` es wie geeicht:

„Das wollte raus!
Das musste raus!
Und Upps Diwupps,
schon war es raus!

Nach kurzem befremdlichen
oder auch nur spöttischen
Geblicke werden alle lachen,
Dir den Fauxpas aus Deinem Rachen
im Lichte Deines Kommentares
nochmal vergeben: Und das war es!
Manch` einer wird es nun kopieren
und mit Erfolg Dich
imitieren!

Noch
hast Du auf
den Akt zur Zeit
alleine nur das Copyright!

Keine
Lust auf Mass
und
Mitten

sondern nur
auf`s Mass
und Titten

Lars Locker

Bonobo-FUNtasien

Wäre
ich ein Bonobo,
schlau   entschlüpft
aus   meinem   Zoo,
wäre jetzt was los! Oho!
Denn ich liebte stets
das Pro!

Ich ging Dir als Bonobo
ohne Skrupel an den Po,
wäre zärtlich und nicht roh!
Machte uns das beide froh?

Doch ich bin kein Bonobo,
und das weißt Du sowieso!
Was red` ich für Blech und
Stroh hier in unserm Status quo?

Der Atemblocker

Und es durchfuhr sie ein Gebraus!
Sie wollte ihn!   Er wollte sie!
Fast zwang es beide in die Knie!
Da bremste er sich plötzlich aus!

Denn als   er ihren Atem roch,
verging es ihm und er verkroch
sich hinter uraltem Versprechen,
die eigene Ehe nicht zu brechen.

Er ließ im Beben sie zurück und
fand das selbstverwehrte Glück,
das er sich diesmal nicht erwildert,
zuhaus` erneut im Ehebett,
wenn auch nur ziemlich
abgemildert.

Der Hormone-Marsch

Hormone blasen mir den Marsch,
und ich vergess` Moral und Sitten.
Schon lockt mich an ihr Weiberarsch
und ihre schönen prallen Titten.

Sie spielt mit ihren Weiberreizen,
umgarnt mich zart mit feuchten Blicken,
lässt ab und zu die Schenkel spreizen.
Will sie sich denn an mir erquicken?

In mir ersteht der geile Hengst!
Doch hab` ich immer noch die Wahl,
wenn Du, oh Lust, mich zu ihr drängst,
mich zu entscheiden dieses Mal:

Auf den Hormontanz zu verzichten,
um keinen Schaden anzurichten
in der Beziehungslandschaft,
die mir bisher den Schwanz strafft.

Fun - tast - isch

Sie hat sich einen Dildo geborgt
und ihn auf seinen Namen getauft,
hat mit ihm häufig heftig gerauft,
und es sich dabei so richtig besorgt.

Verwegenes hat sie sich fun~ta~siert,
in wilden geilen Bildern sich verstrickt
und sich damit noch tiefer verführt
sich dabei noch stärker erquickt.

Er aber hatte mit alldem nichts zu schaffen.
Sympathisch war sie ihm. Doch war`s das schon!
Ihr Wolllusttreiben, ihn gierig zu begaffen,
erfuhr er nie: Er war ihr Schwiegersohn!

(Ein Beispiel aus meiner Beratungsarbeit)

Ganz bieder im Mieder

Hat sie noch ihren Mieder an,
spielt sie meist nur den Biedermann!
Doch gern` lässt sie sich aufputschen,
lässt sich ganz zärtlich nieder lutschen,
wird dann aus ihrem Mieder rutschen,
er wird ihr ins Gefieder flutschen:

Und auf
und nieder
ohne Mieder,
so wild und frei
im Lustgeschrei!

Und sind die beiden dann erschlafft,
wird sich schnell wieder aufgerafft.
Sie zieht erneut den Mieder an und
spielt nun wieder Biedermann.

Genuss-
volle nächt-
liche Ruhestörung

Ich wurde wach vom Lustgestöhne.
Es tönte aus dem Nachbarhaus.

Die Nachbarin sang Jubeltöne,
enthemmte sich im Liebesgellen
und brach in einen Lustschrei aus.

Danach erklang in leisen Wellen
ein Nachbeben von Zärtlichkeit
als Ausklang nach dem Jubelbraus,
als Abgesang der hohen Zeit.

Gesprächs_{ver}führung

Sie haben
ein Gespräch geführt.
Dabei hat er jäh erigiert.
Das hat sie anfangs irritiert.
Doch dann hat sie auch Lust verspürt,
subtil ihn nun dazu verführt,
dass er es mit ihr ausprobiert.
Zuerst hat sie sich zwar geniert,
doch schnell ist sie arg explodiert,
hat ihn danach nochmal verführt,
ihm mundgerecht ihn erigiert
und seine Kraft erneut geschürt,
so dass er sie, wie sich`s gebührt,
zum zweiten Mal noch mal berührt.

Hormonverschworene Betörung

Von Mal zu Mal die süße Qual:
Von Weiberreizen neu betört!
Zwar bleibt noch die
Ent-Scheidungswahl,
ob die Betörung
weiter röhrt.
Doch meist kippt
schon das Gleichgewicht
hormonbedingt aus seinem Lot
in die ver~heißungs~volle Not!
Wer leistet dann noch den Verzicht?
Oft fragt man(n) sich danach verstört:
Was konnte mich an ihr bloß reizen?
Die Brüste und ihr Beinespreizen?
Was fesselt mich so unerhört?
Und man(n) entfernt sich, leicht empört,
und schwört: Sich nicht mehr anzuheizen,
wenn nächstes Mal die süße Qual
von Weiberreizen neu betört.

Variationen mit Uschi

Mit
seiner Loverin, der Uschi,
liegt er im Bett beim Kuschi-Wuschi.
Er küsst ihr zärtlich Hals und Guschi,
die Brüste und die heiße Muschi.

Sie stöhnt vor Lust: „Mach keinen Fuschi,
so wie mein Mann, der schlappe Luschi,
der schon nach kurzem Huschi-Huschi
am Ende ist mit seinem Juschi!"

Doch er, der Liebhaber von Uschi,
ist besser als ihr Mann. Sein Buschi
hält länger aus beim Puschi-Puschi
und treibt sie hin zum höchsten Tuschi.

LIEBESGETRIEBE

Als ihn
ihre Glocken locken,
träumt er: Diese Brüste müsste
er niemals mehr missen müssen.
Er will sie in die Kissen küssen
und dort an ihrem Busen schmusen.
Denn das wird seinen Stecken wecken.
Er will ihre Hüften lüften. Sie soll
aus dem Schlüpfer schlüpfen.
Er will ihr das Becken lecken
und ihr seine Lenden spenden.
Sie soll seinen Recken schmecken.
Doch es bleibt ein Traum, der kaum
sich im Liebesbeben leben lassen
wird, denn vergeben
ist sie längst!

Liebesschwund

Enthülle Deine Brüste!
Entkleide Deinen Po!
Mich reiten die Gelüste!
Und nackt machst Du mich froh!

Ich werd` Dir Liebe schieben,
dazu bin ich bereit.
Ich werd` den Leib Dir lieben
mit großer Innigkeit.

Wird`s mir bei Dir zu grau,
dann werd` ich weiterziehen
zu einer anderen Frau
und bei ihr neu erglühen.

Und wird es mir zu bunt,
zieh` ich ganz einfach weiter
zu neuer Schäferstund` und
schon wird`s wieder heiter!

Liebeswartung für Männer

Und im Falle, dass Dein Phallus
der Liebesfalle zu schnell erliegt
und voreilig sie zart umspielt
und Dich verbiegt und
aufgeregt zum
Gipfel
schielt, ja,
vor Erregung bebt,
so halte ihn zurück
vor dem zu kurzen Glück
und warte, bis Du mitgehen
kannst, und er Dich überbrückt,
so dass, vollends entzückt,
die Liebe rundum glückt.

Männliche Leidenschaft

Und er dringt voller Leidenschaft
in ihren - mangels Scheidensaft -
noch ziemlich trock`nen Liebesschaft,
was ihr ein arges Leiden schafft,
dieweil er sich in Liebe strafft,
bis er vorzeitig abgeschlafft.

Mösewicht in Aktion

Wenn liebestrockene Ehefrauen
in ihrem Durst nach Zärtlichkeit
sich die Affäre zutrauen
in ihrer Trankbedürftigkeit,

dann kann es sein, dass sie sich bald
schon einem Mösewicht ergeben,
der in Chameleonsgestalt
sich einschleicht in ihr Liebesleben.

Meist dauert die Affäre kurz!
Denn Mösewichte sind nicht treu!
Nach Steilanstieg kommt schnell der Sturz.
Als neuer Trank ein Bitterbräu!

Und wehe, sie sind nun in Liebe
entflammt zu ihrem Mösewicht,
der doch im Liebesverzicht
nur eines will: Geschiebeliebe!

Meisterlicher Abschluss

Mit Frau Meister leistete
er sich meist einen Kick!
Ein~ge~drun~gen meisterte
er mit ihr sein Meisterstück.

Trieb in ihrem heißen Schoss
sie voran, hin ins Glück,
hin zum Gipfel, Stoß um Stoß,
bis zum endgültigen Abschluss
im gemeinsamen Orgasmus.

Normaler Ehe - Flopp

Ich hab` mit Ihrer Frau geschlafen
in meiner Zeit in Wilhelmshafen.
Von ihrer Ehe arg frustiert,
hat Ihre Frau mich
oft verführt.

Ich bin mit ihr
ins Bett gestiegen und
schon begannen wir zu fliegen.
Sie hat gejubelt vor Vergnügen,
gestöhnt, gekreischt, ich müsste lügen,
würd` Ihnen ich was Anderes sagen.

Ach ja, ich höre Sie jetzt klagen,
bei Ihnen wär` sie meist nur schlapp
und käme nicht einmal auf Trapp,
geschweige denn in den Galopp,
den früher sie so oft geritten,
bevor die Ehe sie
zerstritten:

Hin
zum
normalen
Ehe - Flopp.

Nymphomanin

Sie
vögelt mit
dem
Ehemann der Freundin,
bis
der
nicht
mehr kann!

Er flüchtet
sich nun zielgenau
zu seiner eigenen Ehefrau,
die sich ihm ab und zu nur fügt,
was ihm natürlich nicht genügt.

Doch lieber schon `mal Abstinenz
als solche Dauervehemenz
wie bei erwähnter
Nymphomanin.

Reckendienst

Sein Recken geht
nicht mehr so schnell in Angriffspostion.
Bei ihm herrscht mittlerweile ein mild-sanfterer Ton.
Er steigt nur langsam noch, wenn sie ihn heftig animiert,
ihn mit ihren Liebeskünsten zum Strammstehen hinführt.

Ob er nun lange standhält, liegt entscheidend mit daran,
wie sich sein Träger einstellt als erregt gereizter Mann.
Bringt ihn der Hexenkessel ihres Schoßes in Schwung
und hält er im Mitschwingen die eingesteifte Stellung
oder treibt
ihn der Hormonetanz bald schon aus dem Takt
und lässt ihn ersprießen im voreiligen Akt,
um sich erschlafft zurück zu ziehen
aus solch einer Entblößung.

```
    S
  S E X
    X
```

schweisstreibende,

erregungsbeschleunigende,

bewegungssteigernde

Paargymnastik

mit oralem

und

genital-findlem

Austausch von Körpersäften im

stöhnend-grunzend-kreischenden Ambiente.

Lars Locker

Verführung

Attentat

nach   Nuttenart

Tittenzarter   Zitterpart

Klettenhafter   Bettenstart

Grottenstarke   Himmelfahrt

Nach dem Akt: Ab der Lack

Splitternackt   und abgewrackt

E-del-bitt-`rer   Nach-

ge-schmack

Wackelkandidat

Ihm

ist er oft ein

Wackelkandidat!

Noch wird er steif,

doch nicht mehr immer hart.

Meist wackelnd geht er an den Start,

weil er sich den noch nicht erspart.

Und wenn ihn nicht die Lage narrt,

dann kommt er langsam auch in Fahrt.

Er paart sich zart und offenbart

sich nun in höchst gekonnter ART

als reifer Liebe würd`ger Wart.

Wer dem jeweils Stärkeren in den Hintern kriecht, sieht danach entspechend beschissen aus!

Lars Locker

Angefurzt!

Hast Du einen Furz gelassen,

kann es Deine Frau nicht fassen,

und sie scheißt Dich heftig an,

dass sie`s kaum ertragen kann.

Und die Moral von der Geschicht`:

Solch` ein Anschiss ist erlaubt.

Einen Furz befreien nicht!

Arschkriechers Schicksal

Und kriechst Du ihm in seinen Arsch,

fühlt er sich arg gebauchpinselt

und ist Dir wohl gesonnen.

Im Gegenüber aber,

von Angesicht zu Angesicht,

stinkst Du ihm dann ganz mörderisch

und siehst auch noch beschissen aus!

Der Alkohol (Lied)

Refr.: Der Alkohol, der Alkohol,
er tut uns nur am Anfang wohl!
Zuviel von ihm wird sich bald rächen!
Am Ende lässt er uns erbrechen!

1. Er hebt die Stimmung, löst den Krampf
im allseitigen Lebenskampf.
Er zeugt ein fröhliches Geschnatter,
so echt wie hinter`m Gänsegatter.

2. Doch die Verwandlung geht noch weiter.
Wir rutschen tiefer auf der Leiter,
verfangen uns in Eseleien
und suhlen uns in Sauereien.

3. Am Ende dann der große Fall
in den bekannten Schweinestall.
Der Mensch mutiert ins wilde Schwein!
Und das soll noch gesellig sein?

Eigenwilliger Kommentar

Er kom-
mentierte seinen Furz,
der sie so sehr befremdete:
„Es sprach das Überdruckventil
hauseigener Biogasanlage!"

Fulminant!

Ihm
entfuhr es fulminant!
Und ihm widerfuhr im Nu,
was in tragender Kultur
jedem widerfahren wird,
dem ein Fulminantes pur
olfaktorisch auditiv
ohne Vorwarnung
entfährt!

Gescheiterter Mösewicht

Als er ihr an die Brust gefasst,
da ist ihm jäh die Lust verblasst,
denn sie hat ihm den Frust verpasst,
für den er sie dann just gehasst.

Jede Lende war am Ende!
Jeder Hoden war am Boden!

Und statt Lustgetöse
bei belebter Möse
nur noch Frustauslöse
durch das ramponierte Gekröse.

Männliche Bitte um Ur-Distanz

Ich
möcht` Dich
ganz herzlich bitten,
bleib` auf Ur-Distanz zu mir.
Halt` vom Leib mir Deine Titten!
Unterlass` Deine Berührun-
gen im Vorübergehn.

Unterbind`
Dein Lustgebaren
in den wolllüstigen Blicken!
Ich will mich mit Dir nicht paaren
und will Dich nicht einmal ficken!
Bei mir bringst Du nichts zum Steh`n!

Tu` was gegen Mund-ge-ruch!
Zähne kann man öfters putzen
oder Atemspray benutzen
gegen solchen Atem-Bruch
als verwesendes Gescheh`n!

Miss-Verständnis

Sie hört im Bad ihn lustvoll stöhnen
und glaubt, er würde sich verwöhnen.
Erhebt ein zorniges Geschrei!
Dabei legt er doch nur ein Ei.

Mösewichteln

Er ist
ein arger Mösewicht!
Die Ehefrau reicht ihm nicht,
wenn er im Treue-Verzicht
in andere Ehen einbricht,
die mürbe sind
und nicht mehr dicht,
worauf er liebend gern erpicht,
was ihn in keiner Weise anficht,
im Gegenteil, ihn in die Pflicht
nimmt als lüsterner
Mösewicht.

Paarungslust oder Mastdarmlast?

Als ich die Tempotaschentücher
am Rand des Feldwegs liegen sah,
schien es mir klar, hier hatte man
sich an der Paarungslust erfreut.

Doch als ich näher kam und
schaute, da wusste ich,
hier hat ein Mann
sich von der
Mastdarm-
last be-
freit.

Scheißfreundlich

Sie
hausen in
der inneren Scheiße,
die sie Dir stets verbergen wollen!
Und offenbaren sie Dir doch in
ihrer Scheißfreundlichkeit!

**Und
schon kam
er aus dem Takt!**

Und dann pellte er sie wider
bessere Einsicht aus dem Mieder.
Und schon kam er aus dem Takt
auf dem Weg zum heißen Akt.

Ihr Brüste fielen wieder
in den Ursprungszustand nieder,
hingen nur noch schlaff und nackt
als ein lusthemmender Fakt.

Es gefror ihm im Gefieder
und es wurde ihm ganz bieder.
Es entzog sich ihm sein Friedel
für den Vorstoß ins Gesiedel.

Und er stammelte die Worte:
Ach, ich komme morgen wieder,
und entfloh nun diesem Orte.

Und er ließ sich nie mehr blicken,
um die Dame noch zu …. ficken?
Nein!
Zu beglücken,
zu entzücken, zu erquicken!

Unerquicklich

Mein Arzt hat seine Frau erquickt,
doch nach dem Vernaschen
den Erquicker nicht gewaschen.

Und als er mir bei der Behandlung
leiblich nahe kam,
da hab` ich es sofort gewusst,
weil ich es deutlich wahrnahm:

Mein Arzt hat seine Frau erquickt,
doch nach dem Vernaschen
den Erquicker nicht gewaschen.

Und die Moral von der Geschicht`
legt sich doch nahe, oder nicht?

Hast Du mal Deine Frau erquickt,
dann solltest Du nach dem Vernaschen
Dir den Erquicker gründlich waschen!

Unge-
wöhnlicher
Rettungsversuch einer
kaum noch zu rettenden Ehe

Ich weiß zwar, Du bist ziemlich verkorkst!
Doch bin ich froh, dass Du es ihm besorgst!
Denn er erigiert bei mir nicht mehr.
Und dieses verübelt er
mir sehr.

Bei uns ruht
schon länger der Verkehr.
Das auszuhalten fällt ihm sehr schwer.
Drum bin ich froh, dass Du Dich uns borgst
und es ihm, wenn er`s braucht, auch besorgst.

Auf hochdeutsch

„Ma flück`en Fick!“
ist rheinisch und heißt
auf hochdeutsch:
„Quickie!“

Aufrichtung in der Liebe

Steht*(es)* ein*(em)* Mann nicht aufrecht,
kann er nicht im Tiefsten lieben!

Auto-intim

Mein Schatz,
stöhn` nicht so laut, oooh!
Wir liegen hier im Autooo!
Uns könnte einer hören
und Dich dann auch
begehren!

Begatterich

Und sie geht ran und macht mich an!
Mensch, frag` ich, hast Du keinen Mann?
Doch! sagt sie, aber keinen Fun!

Denn meines Gatten Begatterich
hat einen matten
Tatterich!

Das Nümmerchen

ER liebt ES
und ER schiebt ES!

Des Penis` Wehklage

Täglich zwängt man mich in einen
viel zu engen Gummisack,
fährt mit mir solange U-Boot,
bis ich kotzen muss!

Des Pudels Kern

Willst Du des Pudels Kern entbinden,
musst Du erst mal den Pudel finden!
Und hättest Du es noch so gern?
Ohne Pudel keinen Kern!

Die verschiedenen Brüder

Sein eigenes Leben webte er
noch stets nach Maß und Mitten.
Sein Bruder aber strebte quer
nach noch `nem Maß und Titten!

Ego-Fick

Du kreist um Dich, und Du begehrst mich.
Ich kreis` um mich, begehre Dich.
Ein jeder kreischt nur um sich selbst
beim Vögeln.

Eine
Anschuldigung
abwehrende Anfrage zur Lage

Watt denn? Watt denn?
Watt war datt denn?

Ein feiner Pinkel

Ein

feiner Pinkel

pinkelt auch nicht

feiner als un-

sereiner!

Es prickelte ihr

Vor dem Akt mit
dem Nachbarn
prickelte
es ihr.

Nach
dem Akt
mit dem Nach-
barn pickelte es ihr.

Fortschrittsidee

Und hätt`er
keinen After mehr,
dann stänk`er nicht
von hinten her.

Freie Liebe

Die woll-
lüstige Meute
tauscht immer `mal
die Bräute!

Frivole Frage

Wie willst Du lustvoll bumsen,
wenn Dir der Schwanz nicht steht?
Oder
distanzierter:
Wie willst Du lustvoll koitieren,
wenn Dir das Glied nicht
erigiert?

Früher Trug

Früher
trug sie ihm
den Arsch nach.
Heute trägt sie
es ihm nach!

Genau!

Ein
Mann …
und eine Frau!

Was machen die
…......?
….?

Genau!

Hinternlastig

Hin-
ternlustig
hinterlis-
tig!

Hodenbocker

Wirst
Du Dich auf
den kalten Boden hocken,
dann werden Deine alten Hoden bocken!

Hornplaisir

Du hast in mein Horn zu tönen,
mich mit Deinem Horn in mir,
auch zu Deinem Plaisir,
möglichst häufig zu
verwöhnen.

Im
Eigenheim
Mein-Eigen sein

Einst sprach zu mir der lange Hein:
„Will wenigstens im Eigenheim,
im eigenen, Mein-Eigen
sein.

Im Scheitern

Auf des Lebens Scheiterhaufen
ab und zu sich heiter saufen!

In die Binsen

Sie ging mit ihm
zum Bumsen in die Binsen.
Doch in den Binsen ging mit ihm
das Bumsen in die Binsen!

Junggesellenabschied

Es sackte ihr Niveau
bis auf das Sack-Niveau.
Und nun enthemmt im Suff,
trieb es sie hin zum Edel-Puff.

Liebestrübe Triebesliebe

Sie reden alle von der Liebe
und meinen nur im Lustgetriebe
die liebestrüben Triebesschübe.
Doch das ist nur Geschiebe-Liebe!

Männerweisheit

Wenn Dir Dein Piepmatz streikt,
dann kannst Du nicht mehr fröhlich vögeln!

Middle-Life-Krise?

Er
kriegt die
Krise, denn
sein Schweif,
der wird ihm
nur noch mit-
telsteif und
so als Mit-
tel noch
nicht
reif.

Ist das
die Krise
Middle-
Life?

Motorradständer

Und wenn auf der Motorradtour
durch manche Vibrationen pur
Dir aufersteht der Samenspender,
dann nennt man das Motorradständer.

*(Vielleicht einer der Gründe, warum sich Männer im
reiferen Alter ein Motorrad zulegen, um auf
auf ihm noch einmal richtig zuzulegen!?)*

Na, wie war`s?

Nach
dem Akt
fragt er sie:
„Na, wie war`s?"

Und erstaunt
fragt
sie zurück:
„Wie? War was?"

Quantenmechanik

Mit gezerrtem Mittelfuß
änderte sich seine ganze
Quantenmechanik.

Selbst-Liebe

Er
liebte sich
um den Verstand!
Jetzt liebt er sich
nur noch per
Hand!

Singleling

Ihr wöchentlicher Waldlauf
am Sonntag mit dem Hund
und wechselnden
Lovern.

S - Klasse

Eine
Tussi   bist
Du
nicht!
Nein!
Du
bist
was   Bes-
seres!

Du
bist eine
Tuss - ssuss - ssussi!

Standgericht[et]

Als er endlich vor ihr stand,
er ihm heftig vor ihm stand.

Strichmännchen`s Gipfelglück

Und ran und rauf und rein und auf
und nieder und mehrfach hin und rück,
schon fertig ist sein Gip~fel~glück!

(Ein paarhebiger Sexzeiler)

Vor und nach
dem Tod

Vor
seinem Tode
angelte er mit Würmern.

Nach
seinem Tode
angelte er
Würmer.

Warte nur, balde!

Ein
Männlein
steht im Walde
. . . .
Warte nur, balde
steht es Dir
auch!

Was so
alles möglich ist

So vieles geht in Liebesdingen,
so lang` er steht beim
Liebesringen!

Willkommen im Club!

Ein kurzer
Rausch! Ein langer Kater!
Willkommen im Club als Zahle-Vater!

Menschenskind!

Dein
Glück hängt
nicht vom Manne ab

Dein Glück hängt nicht vom Manne ab,
hält es Dich auch noch oft auf Trab,
fängt Dich mit seinen Reizen ein und
lässt Dich bei DIR-SELBST nicht sein.

Dein Glück hängt nicht vom Manne ab.
Das wär' auch Deinem Glück zu knapp.
Es hängt nicht ab! Denn es ist frei!
Es schenkt sich stets! Nicht nur im Mai!

Dein Glück hängt nicht vom Manne ab!
Es machte bei ihm bald schon schlapp.
Doch kommts Dir auch im Mann entgegen
auf allen seinen Glückswegen.

Dein
Glück hängt
nicht vom Weibe ab

Dein Glück hängt nicht vom Weibe ab,
hält es Dich auch noch oft auf Trab,
fängt Dich mit seinen Reizen ein und
lässt Dich bei DIR-SELBST nicht sein.

Dein Glück hängt nicht vom Weibe ab.
Das wär' auch Deinem Glück zu knapp.
Es hängt nicht ab! Denn es ist frei!
Es schenkt sich stets! Nicht nur im Mai!

Dein Glück hängt nicht vom Weibe ab!
Es machte bei ihm bald schon schlapp.
Doch kommt's Dir auch im Weib entgegen
auf allen seinen Glückswegen.

Bist Du wirklich noch gescheit?

Endlich sind wir jetzt alleine!

Und ich will nun auch das Eine,
das Du immer von mir wolltest
und dem Leben häufig schmolltest,
weil es die Gelegenheit
Dir nie gab in all` der Zeit.

Doch jetzt sind wir ja alleine,
und Du kannst nun auch das Eine,
stets Ersehnte, von mir haben.

Wie, Du willst Dich nicht dran laben?
Wie, Du bist nicht mehr bereit?
Endlich sind wir doch alleine!

Und Du willst nicht mehr das Eine?
Bist Du wirklich noch gescheit?
Ach nein, wie bin ich nun verletzt,
weil Du das Eine, das ich jetzt
Dir beschere, nicht mehr schätzt!

Den Kürzeren ziehen

Was lernt der Sohn denn über Frauen,
wenn er bei seinen Eltern sieht,
auf Liebe ist wohl nicht zu bauen,
weil die noch stets den Kürzeren zieht?

Was lernt der Sohn denn über Frauen,
wenn Mutter doch nur funktioniert,
hebt Vater ärgerlich die Brauen,
weil sie nicht schnell genug pariert?

Was lernt der Sohn denn über Frauen,
wenn seine Mutter sich nicht wehrt
und lächelnd hinter`m Ehezaun
sich nur in ihrem Gram verzehrt?

Was lernt der Sohn denn über Frauen,
wenn seiner Mutter Leid geschieht,
weil Vater`s Worte niederhauen
und Mutter in die Krankheit flieht?

Was lernt der Sohn denn über Frauen,
wenn Vater stets der Sieger ist
in all` dem ehelichen Zwist?
Worauf soll er den selbst vertrauen?

Freund im Feindesland

Ein Mensch, der keine Grenzen kannt`,

hat sich in Feindes-Land verrannt.

Nun findet er nicht mehr zurück

ins heimatliche Ehe-

Glück.

Doch auch

die Feindinnen sind nett:

Es öffnet sich ihm manches Bett!

So wird er Freund im Feindesland und

ist schon bald mit manchen dort verwandt!

Ihr Fall!

Der andere Mann war jäh ihr Fall!
Und auch wenn sie sich anfangs wehrte,
weil sie die eigene Ehe ehrte,
kam sie dennoch
bei ihm zu
Fall.

Im Anti-Mann-Bann

Ihre Brüste, schlaff und müde,
hängen resigniert wie nie.
Ihre Trägerin ist prüde,
zugeknöpft bis unters
Knie.

Bis(s)her(r)
hat sie jeden Mann,
der ihr jeweils nahe kam,
abgeschreckt mit jenem Bann,
der allein sie stetig nahm.

Und so ist sie arg versauert,
ihre Brüste zeigen`s an,
hat ins Abseits sich verkauert
und lässt keinen an sich ran.

Männer-
Frauen-Kampfspiele

Erst kollidierte er mit ihr,
nur so, aus eitler Männlichkeit.
Dann kontrollierte er sie hier
und jetzt bei jeder Kleinigkeit.

Nach kurzer Zeit war sie es leid:
Zur Gegenwehr war sie bereit,
sich abgestimmt zu kostümieren
mit angewürzter Weiblichkeit,
um seine Tour zu korrigieren.

Und als sie endlich dann am Ziel,
da kollabiert er sehnsuchtsvoll
vor dem gespielten Sex-Appeal.
Und seitdem koaliert er brav,
weil er erhofft, dass er einmal
mit ihr auch koitieren darf.

Männliche Fürsorge

Lässt ihre nackten prallen Dutzeln
am Strande in der Sonne brutzeln
und auch in geilen Männerblicken.
Der Spanner will nur eines ……..:

Dass ihre nackten prallen Dutzeln,
die lang` schon in der Sonne brutzeln,
der Trägerin nicht noch verbrennen,
sonst kann man nicht mehr mit ihr …….

rechnen beim abendlichen Clubgetummel,
auch nicht beim nächtlichen Gefummel,
im Wunsch, sie möge es nicht stoppen,
um auch mit ihm einmal zu …...........
feiern im discolauten Tanzgetümmel.

ₘUSCHI

Er

wollte

sie befruchten

im Herzen und

im Geist. Doch

Uschi wollt`s nur

haben, in dem,

was Muschi

heißt.

Nicht ganz standfest!

Es

geht halt,

wie`s so

geht!

Auch wenn er nicht so steht,

wie er doch stehen sollte,

um ihn der Witwe

Bolte als

standfest zu

suggerieren, als

Ständer zu präsentieren

. . . ,

als Kleiderständer, den die Witwe Bolte

bei einem Preisausschreiben einer

Möbelfirma gewonnen hatte!

So vieles ist
wohl für den Arsch,
womit wir uns befassen.

Doch werden wir schnell ziemlich barsch,
sagt man, wir soll'n es lassen!

LARS
LOCKER

Bedeutungsschwerer Versprecher

Die Fischaufsicht am Baggersee,
die mich darüber informierte,
als sie die Angler kontrollierte:
„Schwarzficken ist hier nicht erlaubt!"

Und als sie den Versprecher merkte,
sich arg verlegen korrigierte:
„Schwarzfischen ist hier
nicht erlaubt!"

Befreit will ich nur abhängen!

Da sprach die eine Brust zur andern:
Ich will aus dem B.H. auswandern.
Mich kerkern diese Körbchenengen.
Befreit will ich nur abhängen.

Der anderen stand ebenfalls
der Kerkerärger bis zum Hals.
So seilten sich die Zwillingsschwestern
nun ab aus dem beengten Gestern.
Und frei von Büstenhalterkluft,
schaukeln sie an frischer Luft!

(geschrieben
nach einer zufälligen Begegnung
mit einer prallbrüstigen Unbekannten,
die unter ihrem dünnen T-Shirt keinen B.H. trug)

Busenfreundschaft

Wenn nun ihr neuer Busenfreund
ihr lüstern durch die Bluse streunt,
ihr dann den Büstenhalter schleift,
an ihren Brüsten bald schon reift:

Und ihr als neuer Busenfreund
manch` erogenen Schmusepoint
auf den verschied`nen Wegen neckt,
bis sie sich geil entgegenstreckt:

Und er sich seinen Busenfreund
als Winner, nicht als Looser träumt,
ihr tönendes Geheimnis weckt, die
höchsten Lüste heimlich schmeckt:

Ist er wohl nicht nur Busenfreund,
der `mal an ihrem Busen weint!

Schwarzes Schluck-Loch

Oh, Du
schwarzes Loch-choch-choch!
Du verschluck-kuck-kuckest Dich,
wenn Du Dich verschwei-gei-geigst,
nicht mehr antwor-tort-tort-test!

Schluck um Schluck,
Land auf,   Land ab!
Schluckauf im Verschluckertrab!
Schwuppdiwupp! Hinauf! Hinab!
Ende! - Aus! - Verschluckt im Grab!

Ach, Du schwarzes Loch-choch-choch!
Wenn Du nicht ausspuck-kuck-kuckst,
wirst Du bald schon in die selbst-
geschaffene Röh-hö-höre gucken!

Dein treuer Knecht

Dein After ist Dein treuer Knecht.
Er hilft Dir stets, Dich zu entlasten,
egal, was alles Du gezecht.

Für seine harte Drecksarbeit
im wandenden Gerüchekleid
ist er von Dir niemals zu tadeln.

Doch solltest Du ihn auch nicht adeln,
nicht in den Herrscherstand erheben
und Dich als Arschloch ausleben.

Der Nachteil vom Vorteil

Sie hat ziemlich abgenommen,
weil sie schlanker werden wollte.
Doch auch ihr vollen Brüste
haben etwas abbekommen.

Hängen nur noch müde schlaff!
Keine Anzeichen von straff,
außer in der Normverhüllung
angesagter Formerfüllung
ihres Push-Büsten-
halters.

Die Herrscherin

Weil sie auch ihren Ehemann
nicht über sich ertragen kann,
liegt der beim ehelichen Toben
stets unten! Sie vergnügt sich oben!

Dem klaren Blick von Menschenkennern
entgeht es nicht: Auch im Beruf treibt
sie es so mit anderen
Männern!

Doch auch
die Frauen kommen nicht
viel besser weg in ihrem Dunstkreis.
Und wer sich nicht in ihrer Gunst weiß,
dem droht schon bald ihr Strafgericht.

**Ehe-
tragik einer sexuell
gehemmten weißen Ehefrau
nach manchen kärglichen
Versuchen, ihren Gatten
mit Blümchensex zu
befriedigen**

Und als
er die Mulattin
im Bett genossen,
entzog er seiner Gattin
den Bettgenossen!

Es tönt jetzt leiser

Es tönt jetzt leiser, was einst schrill!
Und im Getriebe ist es still!
Es jagen ihn nicht mehr die Triebe
bewusstlos zur Geschiebeliebe!

Falsche Rücksicht

Grad` sollte ihm beim Apfelpflücken
der Griff nach neuem Apfel glücken,
da hörte er den Nachbarn stöhnen
und lauthals seine Frau verwöhnen.

Sein Lachen
konnt` er unterdrücken!
Doch fiel er dabei von der Leiter
und lebte nicht mehr lange weiter.

Frau Didden

Fränkisch wird das harte >t<
stets als weiches <d> vertont.
Ach wie gut, dass die Frau Didden
nicht im Frankenlande wohnt!

Sind vielleicht ihre Ahnen
einst von dort weggezogen,
weil man sich bei ihrem Namen
stets vor Lachen neu verbogen?

Doch der Frankenklang allein
ist hier wirklich deckungsgleich.
Hochdeutsch klingt es hart wie Stein,
das Benannte, rund und weich!

Frei von Geist

Blond und
schön und wohlgeformt,
doch im Hirn so strikt genormt.
Heißt im Klartext: Dumm und
dreist und im Reden frei von Geist.
Für so manchen Mann ein Traum,
der im Geist sich von ihr kaum
unterscheidet, sie begehrt,
sich nach ihrem Bild
verzehrt.

Geschlechtsgeschwächt

Sein Gemächt ist geschwächt,
eignet sich so nur noch schlecht
im geschlechtlichen Geflecht
zum Geschlechts-
gefecht.

Ich hab` keine Lust auf Dich

Du hast große Lust auf mich,
doch ich hab` sie nicht auf Dich.
Ich will Dir nur gratulieren,
Dich jedoch nicht verführen.

Darum knöpf ` die Bluse zu
und lass` mich damit in Ruh`,
Dich erotisch zu entzücken und
Dich auch noch zu beglücken.

Ich hab` keine Lust auf Dich,
auch wenn Du sie hast auf mich.
Darum lass` uns dies` beenden
und ins Harmlosere wenden.

Lebend-Dildo

Sie
betrachtet ihre
wechselnden Liebhaber
als Lebenddildos
mit potentem
Mann dran.

Nachbarschaftshilfe

Und bei der Nachbarin
hat er sich ausgeheult
über seine sexuell
blockierte Ehefrau.

Und sie, die Nachbarin,
hat ihn in sich ausgeheilt
von seinem ehelich-ero-
tischen Gefühlestau.

Plädoyer für
die Heuteschieber

Was Du heute kannst besorgen,
das verschiebe nicht auf Morgen!
Denn schon Morgen kann es sein,
Du kriegst ihn, ach, wie pein-
lich, nicht mehr rein!

Ringel Ringel Röschen

Ringel,
Ringel, Röschen!
Er greift ihr unter`s Höschen.
Sie öffnet ihm den Hosenlatz,
massiert ihm seinen Hosenmatz.
Und er liebkost ihr Möschen!

Doch
plötzlich?
Alles für die
Katz!

Es endet jäh die Liebeshatz.
Denn ihm erblüht schon
nach drei Stößchen
in ihrer Hand
ein weißes
Röschen.

**So schnell kann`s
gehen!**

Nach
dem von
ihr inszenierten
Akt in ihren Laken,
hatte er sie am Hals
und sie ihn am Haken.

Verpasst im Verpisst

Dann bleib` doch wie Du bist:
Verpass` Dich im Verpisst!
Und bis zum Hals im Mist,
der Seelenhaut zerfrisst!
Damit Du nicht vergisst,
dass Du Dir Lebensfrist
verkürzt, wenn Du mit List
Vermeidungsfahnen hisst!

Auf denen steht:
Verpisst!

Und
deren
Botschaft ist:
Verpasst, weil stets verpisst!

Wenn Du`s wolltest, das wär` toll!

Wollen darf ich schon bei Dir!
Doch ob ich bei Dir auch darf?
Oder bei Dir sogar soll?

Vielleicht in Dur,
also scharf,
oder
lieber
sanft in Moll?

Hängt`s bei Dir noch in der Schwebe?
Mir versteift sich das Gewebe und
das Maß wird langsam voll.
Wenn Du`s wolltest,
das wär`
toll!

Zum

nächsten

Sog, der

zog

Sie

zog ihn an!

Er zog sie aus!

Sie zogen einen durch!

Es zog sie nun in diesen Sog,

bis er bei ihnen nicht mehr zog,

sie einfach weiter zogen

zum nächsten Sog,

der wieder zog.

Dualismus-Zwist

Ihre beiden prallen Titten haben sich sehr arg zerstritten! Und es ging in diesem Streit darum, wer der Trägermaid für die kurze pralle Frist die bedeutendere ist. Keine liess sich selbst beirren, von der anderen verwirren! Und so fand der Bruder-zwist auch beim Altern nicht sein Ende in der schicksal-haften Wende hin zur sanften Hänge-brust.

Weiter haben sie gelitten, nun auch noch als Hängetitten. Erst als schlaffe Greisinnen verzichteten sie, zugewinnen. Denn für ihre Trägermaid war schon längst vorbei die Zeit in der sie brustbewusst sich regte und damit manchen Mann bewegte. Im Verzicht auf ihren Vor-rang öffnete sich sanft der Vorhang: Sie erwachten voller Staunen in die tiefe Lebenslust. Und sie lauschten nun dem Raunen:

Beide nur seid ihr DIE-BRUST!

Lars Locker

Abgeschlaffte Kirchentitten

Hast nun lang genug gelitten
an den   aus-ge-mer-gel-ten,
L E B E N smilch verweigernden
ab-ge-schlaff-ten   Kir-chen-tit-ten.
Was sie Dir noch dumpf gewähren:
Ungestilltes Nippel-Nuckeln!
Ungelenkes Trippel-
Buckeln!

Adel-heid(in)

Sie bekennt sich zu der Botschaft
von der adligen Präsenz.
Doch mit aller Konsequenz
klebt sie in der Hühner-Haft.

Sie ist eine Adlerin!
Auch ihr Glauben sagt es ihr!
Doch in ihrer Hennen-Gier
bleibt sie blind für den Gewinn.

Denn die adlige Präsenz
ist für sie nur Glaubenssatz,
hilfreich für gepflegten Schwatz
in der Hühner-Residenz.

Einen jeden,   der den Adel
nun für sich in Anspruch nimmt,
ü-ber-schüt-tet sie mit Tadel,
dass sich dieser wieder dimmt,
sich verzieht ins Hühneriege,
bis sein Adel - arg verstimmt -
im Verstummen sich verkrümmt.

Beziehungsfron

Mit meiner besten Freundin hat
mein Ehemann auch einen Sohn.
Die Lage treibt oft ins Schachmatt
und quält uns mit Beziehungsfron.

Ich hätte nie von ihr gedacht,
dass sie mit ihm ein Kind sich macht.
Wohl nur weil sie den Männern grollte
und deshalb keinen Ehemann
an ihrer Seite dulden wollte.

Mein Mann war ihr nur Samenspender!
Ist jetzt auch A-li-men-te-sen-der!
Die Ehe ist arg angestochen!
Die Freundschaft aber
ist zerbrochen!

Bittere Einsicht einer
alternden
Hure

Es ist der

Lauf der Dinge!

So auch für Tante Inge:

Die einstmals prallen Titten

sind nicht mehr gut gelitten!

Weil sie nur schlaff noch hängen

und keinen mehr bedrängen.

Und niemanden mehr reizen,

die Beine ihm zu spreizen!

Dingsda

Ihr versuchtet Euer Ding,
das bei Euch nicht wirklich ging.
Das Problem: Zu groß, zu klein!
Denn Dein Ding, ein Dingelein,
ließ sein Ding bei Dir nicht rein.
Und so ging Euer Ding
bei Euch beiden
bald schon
ein.

Donnerschlag

Es traf ihn wie ein Donnerschlag,
und das auch noch am Donnerstag,
als seine Frau er überraschte
mit einem Mann, der sie vernaschte
in wolllüstigem Liebestaumel.

Es traf ihn wie ein Donnerschlag,
und das auch noch am Donnerstag,
als ihm die Liebe arg verdarb,
er noch vor dem Orgasmus starb,
umarmt von seines Mörders Frau.

Es traf sie wie ein Donnerschlag,
und das auch noch am Donnerstag,
als nun ihr Mann sie niederschlug,
sie dann zur Badewanne trug
und sie im Fließwasser ersäufte.

Es traf ihn wie ein Donnerschlag,
und das auch noch am Donnerstag,
als er bald wieder zu sich kam
und sich nun selbst das Leben nahm
im Anblick solcher Gräueltaten.

Es trifft uns wie ein Donnerschlag,
und dieses immer - jeden Tag -
wenn wir von solcher Tragik hören,
wie manche Menschen sich betören,
und das nicht nur am Donnerstag!

Eine nichtgehaltene Abschiedsrede

Lieber X Y Z !

Zu Deiner *Verabschiebung ... eh ...* **Verabschiedung möchte ich Dir** *ein paar schmerzliche Worte ... eh ...* **ein paar herzliche** *Worte klagen ... eh ...* **Worte sagen!**
Die Zeit, die Du bei uns *verkracht hast ... eh ...* **verbracht hast,** *war furchtbar! ... eh ...* **war fruchtbar! Du hast Dich** *um nichts gekümmert! ... eh ...* **um nichts so gekümmert, wie um die** *schmierige Begleitung der Jugendarbeit ... eh ...* **die schwierige Begleitung der Jugendarbeit. Auch vieles andere** *war Dir nicht so wichtig! ... eh ...* **war Dir richtig wichtig! Im Mittelpunkt** *Deines Ruh`ns ... eh ...* **Deines Tuns stand** *die Gemeinheit ... eh ...* **die Allgemeinheit** *und ihr Wohl und Wehe, es ging nicht um Dich! ... eh ...* **und ihr Wohl und Wehe! Es ging nicht um Dich! Was haben wir von Dir gelernt?** *Dich um Dich kreisen lassen ... eh ...* **Die Umsicht kreisen lassen,** *die Lage richtig einschwätzen ... eh ...* **die Lage richtig einschätzen** *und dann zünftig verschandeln ... eh ...* **und dann vernünftig handeln.** *Es ist schon Schaden, wenn Du gehst ... eh ...* **Es ist schon schade, wenn Du gehst!** *Bei Deinem scheiternden beruflichen ... eh ...* **weiteren beruflichen** *Herdenfang als Pfarrer ... eh ...* **Werdegang als Pfarrer** *verwünsche ich ... eh ...* **wünsche ich Dir** *eins auf die Schnute ... eh ...* **noch alles Gute!**

Kl^{a}eriker

Als
Kleriker
sind seine Tage
gezählt, man wird ihn feuern.
Nun will er in der Kläranlage
zur Klärung
einer
andren
Scheiße
anheuern!

Liebesverdruss

Er schob ihn rein! Sie stöhnte auf!
Es nahm nun lauthals seinen Lauf.

Doch plötzlich schrie er auf vor Schreck
und zog ihr seinen Recken weg!

Ihn plagte plötzlich Hexenschuss!
Und schon war mit der Liebe Schluss!

Luther

Auf dem
Reichstag zu Worms:

*„Hier stehe ich,
ich kann nicht anders!
Gott helfe mir!"*

Beim Anblick
seiner nackten Katharina.

*„Hier steht er mir,
ich kann nicht anders!
Gott helfe mir!"*

Offenbarung

Offenbar

ist

die   Bar

offen!

Pechvogel

„ Wärst Du doch bloß später gekommen!"
klagte sie nach manchem Liebesakt.

Und als er sie mit seinem Freund
im Bett erwischte und diesen im
Affekt erschlug, klagte sie:
„ Wärst Du doch bloß
später gekommen!"

Pfaffen

Mit der Liebe zur Macht
die Macht der Liebe verkündigen,
sich mit der Macht verbünden
und so der Liebe kündigen.

Pfaffen-Konfluenza

In der Mitte der Gemeinde
auf erhöhten Hirtenstelzen
ohne Gegner, ohne Feinde mit
den Schafen mild verschmelzen.

Höchste Sehnsüchte entfesseln,
mit Er-war-tun-gen einkesseln,
die Enttäuschung nach sich ziehen.
In Kontaktvermeidung fliehen!

Und danach in der Gemeinde
auf noch höheren Hirtenstelzen
gegen Gegner, gegen Feinde
mit dem treuen Rest verschmelzen.

Und so weiter! Und so weiter!
Bis der treue Rest geschmolzen!
Na, das wird ja wohl noch heiter,
geht`s erst mal ans Abholzen!

Pfaffen-pfiffig angefurzt

Ich tu` ihm den Gefallen,
noch besser als er es gewollt.
Ihm ist geholfen, doch er grollt,
weil ich ihm den Gefallen
nicht so getan, wie er es wollt.
Und weil er mir deswegen schmollt,
verletzt er mich vor allen und
tut in seinem Pfaffen - Wahn,
als hätt` er den Gefallen, ihm
den Gefallen an-zu-tun,
allein nur mir getan,
um so in seiner
Gunst zu
ruhn.

Pfaffenposse

Klerikale Tonfrequenzen,
pfaffenschleimig moduliert!
Pastoral-Gesülz-Sentenzen
freundlich aufgesetzt
serviert!

Doch
der wache
Zeitgenosse
lässt sich davon
nicht vernebeln.
Er durchschaut
die Pfaffenposse,
Menschen, die sich
selbst aushebeln bei
dem Einfang ihrer Rosse,
pfaffen-pfiffig neu zu knebeln
mit manch` klerikalen Bändern
unter freundlichen Gewändern,
um sie kirchlich abzuändern.

Pfaffensabbelei

Je weniger die Kleriker an
Jenes glauben, was am Grabe
sie genötigt sind, sich, trost-
spendend, zu erlauben,
je häufiger verfallen sie
in religiösen Floskelbrei
und altes Glaubenseinerlei.
Wer geht da noch getröstet
und nicht vielmehr im Ärger
geröstet heim nach solcher
Pfaffensabbelei.

Pfaffenstyle

Locker-
flockig unverbindlich:
Affengeiler Pfaffenstyle!
Immer ein paar schöne Worte
hin geschleimt ins Publikum
und das Auditorium wieder
einmal neu geleimt.

Wenn es ernst wird, Trauer-
mine setzen und so tun als ob.
Sind ja doch bloß Steuerzahler:
Kirchen-Steuer-Zahler - Mob!

Und sonst immer lamentieren,
sich nach vorne manövrieren,
ohne allzu viel zu machen,
über die Kollegen lachen,
die das gleiche ausprobieren,
sich jedoch viel mehr einsetzen,
sich mit den Terminen hetzen,
weil sie ihre Arbeit schätzen.

Vögeln auf der Spur

Bei ihrem Priester, hoch verehrt,
hat sie sich häufiger beschwert,
dass oft ihr Mann sie nur versehrt,
wenn er sich ihr intim beschert.

Und jener Priester, hoch verehrt,
hat seinerseits sie bald begehrt.
Und weil sie schon soviel entbehrt,
hat sie sich ihm nicht lang verwehrt.

Hat mit ihm wild im Bett verkehrt,
und ihn dabei die Kunst gelehrt,
wie er noch seine Lust vermehrt,
noch wolllüstiger an ihr zehrt:

Wenn er beim Vögeln
zwitschert!

Vorbei!

Die Zeit der prallen Brüste ist vorbei!
Noch führen sie, gestützt vom Büstenhalter,
sich munter vor mit abgefälschtem Alter.
Doch wehe dem, der Halter lässt sie frei!

Dann fallen sie aus fülligem Gedränge
und ihrer vorgetäuschten stolzen Zier
ins ungeschönt enthüllende Gehänge,
erwachen entsetzt im Jetzt und Hier.

Von nun an beben sie
nur noch im Büstenhalter,
dem illuminären Brustgestalter.
Und lassen sich nur widerwillig frei!
Die Zeit der prallen Brüste ist vorbei!

(Für alle Jüngerinnen des Jünger-Sein-Wollens)

Oh Mannomann!

**Und kommt zu früh in
seine Wohnung! Erschrickt!
Welch`eine Lustvertonung
schrillt von der Coach!**

Ein Ehe-Gau?

Der

beste

Freund

stiehlt

seine Frau!

Lars Locker

Ach, mein Beileid!

Sie hat sich für ihn kostümiert!
Er hat sich bei ihr engagiert!
Sie hat ihn bald schon kontrolliert!
Er hat sie, wie gewollt, verführt!

Sie hat ihn zärtlich kondomiert
und hat mit ihm dann koitiert!

Er hat, wie immer, ungeniert
zu früh drauf los ejakuliert
und ihr anschließend ungerührt
ganz cool und herzlos kondoliert!

Bedauerlich

Er bumst nicht
mehr, er simst nur noch
mit seiner Frau. Das Ehejoch,
den Fick-für-lau, nutzt er nicht mehr.
Er holt es sich woanders her.

Nach Sigmund Freud wird kompensiert,
im Job die Frauen arg traktiert,
die ihm dort untergeben sind
und sich meist fügen,
wenn er spinnt.

Zugleich
die Ehefrau bedauern
in ihrem langsamen Versauern,
gefangen hinter Wohlstandsmauern,
um dort in manchen Tränenschauern
das Ü-ber-leb-te aus zu kauern,
auf bessere Zeiten zu lauern.

Belagert

Wenn sie Dich
lädt als ihren Gast,
mit Dir an ihrer Tafel prasst
und Dir das Ihrige verpasst,
bis Du belabert bist und fast
die Höflichkeit vergisst als Gast,
derweil Du sie am Ohr noch hast
Du ihr das Deinige verpasst,
weshalb sie Dich, gekränkt,
nun hasst
und
unter solcher
Kränkungslast in ihr
es jäh ein Herz sich fasst und
sie Migräne kriegt und passt,
ihr fortan Euch in Ruhe lasst.

Das Möpse-Gedicht

Und willst Du ihre Möpse zärtlich streicheln,
musst Du erst ihren Möpsen schmeicheln,
damit sie Dich nicht gleich verbellen
und Dir die Streichellust vergällen.

Sind ihre Möpse dann befriedet,
ins Nebenzimmer verabschiedet,
kannst Du an ihrem vollen Busen,
an ihren Möpsen - ohne Störung
durch ihre beiden Möpse - schmusen.

Das Tabu

Das Tabu ist kein Geschwätz,
denn es ist, hier-und-jetzt,
zuallererst und zuletzt
wohl ein Schutz
vor dem Schmutz
und ein Netz voller Nutz,
doch dem Stetz stets ein Stutz
bei der Sucht nach Fotze-Putz.

Der Busen-Freund

An ihren kleinen Titten,
da hat er arg gelitten.
Er ließ sie sich erweitern,
vergrößern und verbreitern.

Nun plagt ihn stärkeres Leiden:
Denn andere Männer weiden
an ihnen sich mit geilen Blicken:
"Die Alte würd` ich gern mal ficken!"

Und die Moral von der Geschicht`:
Vergrößere Dein Leiden nicht.
Erfreue Dich an dem, was ist.
Ver-mes-sen-heit bringt
Dir nur Zwist!

Der Möchte-Gern-König

Der Möchte-Gern-König von nebenan,
der Nachbarin ihr fetter, feister Ehemann,
stolziert durch seinen Garten als sein Königreich
und thront dann über allem am Gartenteich.

Die Ehefrau behandelt er in seinem Sinn
nicht wie eine Frau als eine Königin,
sondern nur, wie er es kennt
von Anbeginn,
als sein
Lustobjekt und
als seine Dienerin.

Die Ehefrau spielt mit,
wenn auch ziemlich resigniert,
weil sie kein anderes Leben kennt,
als das, was sie führt, verachtet es
und passt sich zugleich doch an
unterm Joch von ihm,
ihrem Ehemann.

Merkt er denn nicht,
wie lächerlich er sich präsentiert,
wenn er sich als feister, fetter König intoniert
und prahlend sein kleines Reich als großes propagiert?

Eigentlich und tatsächlich

Eigentlich wollte ich mit Dir mich beglücken.
Eigentlich wollte ich mich an Dir entzücken.
Eigentlich wollte ich in Dir mich entrücken.
Eigentlich wollte ich, kurz gesagt, Dich ficken.

Tatsächlich aber habe ich mich bei Dir gezügelt.
Tatsächlich aber habe ich mit mir Dich beflügelt.
Tatsächlich aber habe ich Dich mit Geist entriegelt.
Tatsächlich aber habe ich Dich, wie ich es
eigentlich wollte, nicht gevögelt.

Ein schlechter Liebhaber

Als unter
Freunden seine Frau
behauptete, ihr Ehemann
beginge stets den Liebesklau,
weil er nicht richtig lieben kann,
und er dies bald danach erfuhr,
da meinte er zur Gattin nur:
„Ist so was nicht beschissen?
Wie kannst Du das denn wissen
nach dreißig Sekunden Liebe pur?"

Erotisch reingelegt

Nachdem er sich an ihr erregt
und seine Skrupel weggefegt,
hätt` er sie gerne flachgelegt,
sich lustvoll in ihr mitbewegt.

Sie aber wollt` ihn nur erregen
und seine Skrupel wegfegen,
sich unter ihm nicht flachlegen
und auch nicht lustvoll mitbewegen.

Das hat ihn leidvoll abgeregt,
die Skrupel, die er weggefegt,
nun rund erneuert aufgelegt
und sich dann von ihr weg bewegt.

Fauler Frieden

Schon rührt ES sich in seinen Lenden,
will die Begegnung anders wenden,
sich ohne Rücksicht jetzt erheben
und seinen Eigenwillen
leben.

Je mehr er sucht, sich zu verweigern,
je mehr versucht ES, sich zu steigern.
Wird ES auf seinen Weg ihn bringen
als Sieg in dieses Mannes
Ringen?

Noch ist der Kampf nicht ganz entschieden!
Doch lockt schon arg ein fauler Frieden,
des Mannes Zwist gereizter Lenden
in trauter Abgeschiedenheit
durch Handarbeit jäh
zu beenden!

Frisch-
Lust-Anwandlung

Früher, als ich sie oft sah,
hatte ich, das ist doch klar,
eine Frisch-Lust-Anwandlung
mit dem Antrieb zur Handlung.

Doch ich blieb auf Distanz und
beruhigte meinen SCHWANZ,
ließ mich nicht von ihm treiben,
mich ihr lustvoll zu verschreiben.

Heute bin ich froh gestimmt,
denke ich an den Verzicht,
weil er mehr gibt als er nimmt,
schau` ich ihr ins Angesicht.

Ge...iegelt und ge...ügelt

Lüstern von ihr aufgewiegelt,
hormonell arg an-ge-bü-gelt,
in der Männlichkeit entflammt
und von Wolllust hoch gestriegelt,
hat die Ehe er entsiegelt
und das Schutztabu
gerammt:
Mit ihr wild
und ungezügelt sich
zum Gipfelpunkt geflügelt.
Und im liebenden Ermatten,
prompt erwischt vom Ehegatten,
hat der, weil sie ihn betrügelt,
übermannt von seinem Schatten,
zornentbrannt und wutentriegelt
beide fast halbtot geprügelt.

Hormoneller Standgewinn

*Er kann bei
sich nicht überwintern,
begegnet er der Nachbarin.
Ihn lockt ihr mollig-weicher Hintern
zu hor-mo-nel-lem   Stand-ge-winn.*

*Die Nachbarin hat`s schon bemerkt und
schwingt die Hüften und die Brüste.
So wird ihm sein Hormon bestärkt,
dass es ihn noch mehr aufrüste.*

*Er liefert sich ihr völlig aus.
Sie spielt mit ihm noch eine Weile.
Dann ist sie plötzlich sehr in Eile.
Es wartet schon ihr Mann zuhaus`.*

*Nun steht er da in seiner Qual,
voll un-ge-leb-ter E-ner-gi-en.
Es bleibt ihm nur die eine Wahl:*

*Er schenkt sich ihr in Fantasien.
Dort raubt er sie dem Ehemann
und legt sich lustvoll Hand an.*

Hormonverschworene Betörung

Von Mal zu Mal die süße Qual:
Von Weiberreizen neu betört!
Zwar bleibt noch die
Ent-Scheidungswahl,
ob die Betörung
weiter röhrt.

Doch meist kippt
schon das Gleichgewicht
hormonbedingt aus seinem Lot
in die verheißungsvolle Not!
Wer leistet dann noch den Verzicht?

Oft fragt man(n) sich danach verstört:
Was konnte mich an ihr bloß reizen?
Die Brüste und ihr Beinespreizen?
Was fesselt mich so unerhört?

Und man(n) entfernt sich, leicht empört,
und schwört: Sich nicht mehr anzuheizen,
wenn nächstes Mal die süße Qual
von Weiberreizen neu betört.

Im Stich gelassen

Ermüdet
in den Ehejahren,
ließ ihn sein Zauber-
stab im Stich. Drum ist er
in die Kur gefahren. Sein
Zauberstab erholte sich!

Auf manchen heißen
Schattenspuren zer-
sprengte ihm der
Stab den Rahmen.
Im Nahkontakt zu
manchen Damen
kam er mit voller
Wucht auf Touren.

Er landete mit
sel`gen Stößen
so manchen Stich
in Weiberschößen.

In-Frage stehende Männer-Frage

Bei
pralleren Titten
und strafferem Arsch,
da stand es ihm

seine
Ehe in Frage.
Schon blies er ihr heftig
den Fremd-Geher-Marsch und
lockte sie in die gewünschte Lage.

Es wand sich ihm aus dem Dunkel der
Hose, umspielte die frisch erblühte Rose,
drang ein ins glücksverheissende Dunkel,
verlor sich stöhnend im Glücksgefunkel.

Und als er vom Gipfel der Freuden fiel, da
stand es ihm nicht mehr! Er hatte genug!
Doch stand er nun vor dem Ehe-Betrug.
Ihm stand seine Ehe auf dem Spiel.

Längstens Hengst

Ich mache Dir nicht mehr den Hengst,
weil du mir längst zum Hals raus hängst.

Auch wenn Du mich noch so bedrängst
und Dir noch denkst, dass Du mich lenkst.
Ich mache Dir nicht mehr den Hengst!

Und wenn Du Dich noch so verrenkst
und mir all Deine Reize schenkst:
Ich mache Dir nicht mehr den Hengst!

Kon-
domierter
Selbstbetrug

Hast Du bei
ihren prallen Titten
die Grenzmarkierung*
überschritten
und
sie
bejaht
Dein Angraben
und zeigt Dir an, sie sei zu haben,
dann musst` Du ran und sie auch laben.

Bist Du dazu nicht Manns genug,
wird es nur, auch mit Überzug,
ein kondomierter Selbstbetrug.

alternativ: Grunzmarkierung

Welch` ein Ehejoch!

Welch`
ein Ehejoch!
Seinen Run auf Anny
hat ihr Mann, der Manni,
längst bereut, sein Honey
ist sie nicht mehr, Money
kostet sie nur noch!
Welch` ein Ehe-
joch!

Schlüpfriges

In der Festrede des Philosophen **Martin Heidegger** zum 175. Geburtstag des Komponisten Conradin Kreutzers 1955 mit dem Titel "Gelassenheit" stellte er die Frage nach der Stellung des Menschen in der Welt und zu der Welt. Seine Antwort: Es geht darum, die **"Gelassenheit zu den Dingen und die Offenheit für das Geheimnis"** einzuüben!

Lieber Martin

D. 18. Juni 1956.

Ich danke Dir für zwei Briefe und für die schönen Karten von Braque. Ich hoffe, dass Du inzwischen gut in die Arbeit gekommen bist - ja Du hast Deine Arbeit, die der Mittelpunkt Deines ganzen Lebens ist, - was geschieht dann schon so am Rande! Darum wirst Du nicht begreifen, wie ich - durch Dich - aus meiner Mitte geworfen bin.

In Deinem ersten Brief standen Worte aus einer ganz flachen Sphäre »Schwäche« u. »entschuldigen« ach nein - so geht s doch nicht. Ich <u>weiss</u> doch um Deine Tat, um die Befeuerung, die Du brauchst u. ich habe auch jetzt wieder mich gemüht, das Beglückende für Dich zu sehen u. sie als die, die schenken darf. Aber dass das alles nicht nur mit <u>»Lüge«</u> - nein mit dem unmenschlichsten Missbrauch meines Vertrauens verbunden sein müsste, darüber bin ich noch immer voll Verzweiflung. - Bitte stelle Dir genau vor (ich sagte es schon, aber Du hast es bereits vergessen) M. würde <u>jetzt,</u> während sie Dir in dieser grossen Liebe verbunden scheint u. Ihr in Euern Briefen von Herz zu Herzen sprächet - sie würde jetzt Dich mit einem anderen betrügen u. nur Dein Mißtrauen offenbare Dir ihren Betrug. Was wäre mit Deiner Liebe zu ihr? Was würdest Du tun? Wie erträgst Du das? Und ich soll es tragen können - nicht <u>einmal</u> - sondern immer wieder durch 4 Jahrzehnte durch? kann denn das ein Mensch, wenn er nicht oberflächlich ist oder versteinert? Immer wieder sagst u. schreibst Du, dass Du mir verbunden seist - was ist das Band? Liebe ist`s nicht, Vertrauen ist`s nicht, bei anderen Frauen suchst Du »Heimat« - ach Martin - wie sieht`s in mir aus - und diese eisige Einsamkeit.

Aber ich will nichts mehr schreiben; Du magst es ohnehin nicht hören; es liegen viele angefangene Briefe hier, aber ich schickte keinen ab. - Hast Du einmal darüber nachgedacht, was leere Worte sind - hohle Worte? Was <u>fehlt</u> solchen Worten?"

(Nicht abgeschickter Brief von Elfride Heidegger in der Zeit, als ihr Mann, 66 Jahre alt, ein Verhältnis mit Marielene Putscher hat - einer 35jährigen Medizinerin und Kunsthistorikerin - zitiert im Buch seiner Enkelin Gertrud Heidegger [HG] „Mein liebesSeelchen!" Briefe Martin Heideggers an seine Frau Elfriede 1915 – 1970 München 2005, 314 f)

Modell für Heideggers
viele Liebesbriefe an andere Frauen

(Ausschnitt des Geburtstagsbriefes von 1918 an
seine Frau Elfride – mit dem Titel „Im Du zu Gott")

„Zuständlichkeit wurde gebrochen durch Ursprünglichkeit -
nicht so, als wäre ein Hervorbrechen der Ursprünglichkeit
innerhalb herrschender Zuständlichkeit je möglich gewesen.
Die Zuständlichkeit wurde gleichsam als nicht daseiend
umgangen u. das Selbst auf einem neuen orginären Wege
elementar getroffen. Das »Du« Deiner liebenden Seele traf
mich.

Das Erlebnis des Getroffenseins war der Anfang des
Aufbruchs meines eigensten Selbst. Das unmittelbare,
brückenlos »Dir«-Gehören gab mich mir selbst in Besitz.
Neues, lebendiges Sein u. alte Zuständlichkeit suchten
anfangs einen Ausgleich, die Schicht der Zuständlichkeit
liess sich bei ihrer eigenen lastenden Schwere nicht plötzlich
wegschieben. Versteckte Einflüsse ihrer Typik wucherten
fort, u. nur langsam fielen ihre zerbrochenen Stücke ab. - Da
wurde das Grunderlebnis des »Du« zur
daseindurchflutenden Totalität ... Die Grunderfahrung
lebendiger Liebe u. wahrhaften Vertrauens brachte mein
Sein zur Entfaltung u. Steigerung. Sie wirkte schöpferisch
in dem Sinne, die Verhaltungsweisen inneren Arbeitens, die
anfänglich zu seelischer Ursprünglichkeit nur
zurückverlangten - brachen vom Ursprung her auf."

(Von Frau Elfride Heidegger ins Deutsche Literaturarchiv Marbach gegeben -
im Heidegger-Jahrbuch 1 Freiburg/München 2004 veröffentlicht - zitiert im
Buch seiner Enkelin Gertrud Heidegger [HG] „Mein liebes Seelchen!"
Briefe Martin Heideggers an seine Frau Elfriede)
1915 – 1970 München 2005 – S. 315)

Abschreckung

Als sie ihm in eindeutiger
Absicht zu nahe kam,
schreckte er sie ab,
indem er zu ihr
sprach:

„Ist der
Ständer eines Mannes
in der Gegenwart der Frau
ihr ein großes Kompliment,
kann ich hier nicht damit dienen,
egal, an wem es liegt, an mir
oder an Ihnen."

Aufbruchstimmung in den Lenden

Bei dem
alten Mann aus Menden
rührt sich an den Badestränden
Aufbruchstimmung in den Lenden.

Will sich Schicksal nochmal wenden?
Soll er wi(e)der sich verschwenden
und die Liebe leiblich spenden?

Will es ihn vielleicht aussenden,
sich erneut in Liebesbränden
leiblich heftig zu verpfänden?

Oder will es ihn nur blenden,
ihn mit Illusionen schänden,
bis sie in den Händen enden?

Aufstiegschancen

Erotisch in der Vollnarkose
regt sich in Gunthers Unterhose
der einstmals Stolze und Famose
nicht mehr. Es herrscht das
Regungslose.

Er ruht da
wie auf weichem Moose.
Sein Aufstieg in die steile Pose
gelingt nur mit Metamorphose
als Ausstieg aus der Vollnarkose
und Einstieg in den vollen Stoß
in manchen stoßbereiten Schoß.

Beglückter Beglücker

Als sie sich ihm erneut entzog,
weil sie längst auf `nen anderen flog,
da drohte er ihr wütend an,
er würde als ihr Ehemann,
jetzt ein Bordell
besuchen.

Doch fuhr er
nur zu seiner früh
verwitweten Schwägerin
und klagte ihr sein Eheleid.
Sie hörte den begehrten Mann
der eigenen Schwester lüstern an
und war schon bald dazu bereit,
ihm beizustehen, bis er ihm stand
und er sich in ihr wieder fand
als ihr beglückter Beglücker.

Bei
unersättlich
nicht unersetzlich

Sie parkte ihr Brüste
in den Büstenhalter ein.
Ihr nackter Anblick haute
bei ihm heut` nicht mehr rein.

Sie zog sich das Höschen an,
die Bluse und den Rock,
denn offensichtlich hatte er
auf sie nicht mehr den Bock.

Sie ärgerte sich maßlos
über seinen leisen Hohn
bei ihrer wohlgeplanten
Ent-klei-dungs-ak-tion.

Sie sann in ihrer Wut auf
raffiniertere Methoden,
ihm zukünftig vollbewusst
die Männlichkeit zu roden.

Sie weiß ja, er ist unersättlich
in seinem gierig geilen Streben
und weiß, sie ist nicht unersetzlich
in ihrem weiblich wilden Beben.

Sie muss sein Feuer wieder wecken,
um sich ihn weiter warm zu halten.
Sie muss sich nach dem Becken strecken.
Er darf ihr keineswegs erkalten.

Brust-
Lust-
Sabotage

Ihre
Brüste fallen ohne
Halter ziemlich tief.
Obendrein hängen sie
auch noch seitlich schief.

Was ihn vorher wohl verführte,
sie sich lustvoll frei-zu-le-gen,
kann bei ihrem Anblick nun
ihn kaum noch zum Akt
bewegen.

Doch er gibt
sich keine Blöße
und vollzieht den Akt,
ein paar reaktiver Stöße
im Sekunden-Doppel-Takt.

Er lässt sie enttäuscht zurück
und sucht weiterhin sein Glück,
jetzt bei Frauen, die seine Lust
nicht beim Aufblühen sabotieren
durch entblößte Hängebrust.

Cherchez la femme

Sich selbst verlor`n bei manchen Stößen
in heiß gelauf`nen Weiberschößen.
Sich in Ermattung vorgefunden
und ausgeruht für neue Runden,
sich zu verlier`n bei manchen Stößen
in heiß gelauf`nen Weiberschößen.

Der Hormone-Marsch

Hormone blasen mir den Marsch,
und ich vergess` Moral und Sitten.
Schon lockt mich an ihr Weiberarsch
und ihre schönen prallen Titten.

Sie spielt mit ihren Weiberreizen,
umgarnt mich zart mit feuchten Blicken,
lässt ab und zu die Schenkel spreizen.
Will sie sich denn an mir erquicken?

In mir ersteht der geile Hengst!
Doch hab` ich immer noch die Wahl,
wenn Du, oh Lust, mich zu ihr drängst,
mich zu entscheiden dieses Mal:

Auf den Hormontanz zu verzichten,
um keinen Schaden anzurichten
in der Beziehungslandschaft,
die mir bisher den Schwanz strafft.

Fiedel Kastro

Er nannte
seinen Schniedel,
weil der fidel war, Fiedel.

Und als man ihn kastrierte,
mit Zusatz-Namen zierte
er ihn, der klang wohl fast so,
wie Kuba`s Fidel Castro.

Im Pflegedienst

Er
pampert
seine Nachbarin
und pimpert seine Ehefrau.

Doch sein Kollege Otto Wumm,
der macht`s genau
andersrum!

^MUSCHI - ^KUSCHI

Und fährt er der Uschi
von hinten in die Muschi,
dann ist er kein Luschi:
So hält er richtig stand!

Doch will   seine Uschi
zuerst mal Kuschi-Kuschi,
gerät er vor der Muschi
schnell außer Rand und Band.

Ihn treibt`s zum Huschi-Huschi,
er macht nur Pfuschi-Pfuschi
und ist in ihrer Muschi
zu schnell schon
abgebrannt.

Die Trennung, sagst
Du, has(s)t Du überwunden.
Und hast, sagst Du, die Traum-Frau
jetzt gefunden. Sie hat, sagst Du,
"und das wär'n keine Klöpse,"
was Du an Fraun so schätzt:
Pralle Möpse!

Lars Locker

sCHNELL - SCHNELL

Und bei manchem engen Tanz
wächst sein Schwänzchen
auf zum Schwanz!
Und als
stolzer steifer Aal
setzt es nun das Fanal
für den hormonellen Tanz,
der die Lage voll und ganz
umkehrt für das geile Hänschen:
Und sein Schwanz wird wieder
Schwänzchen!

Voreiliger Selbstgenuss

Wenn
der Uwe seiner Uschi
grunzend ihre feuchte Muschi
zärtlich leckt, sie so verwöhnt,
bis sie laut vor Jubel (s)tö(h)nt,
fordert Liebe auf zum Tanz.
Er fährt seinen steifen Schwanz
unter lautem Lust - Getöse
ein in ihre heiße Möse.
Und
im Boogie der Hormone,
übersteigen sie die Zone
der gewohnten Klang-Kultur.
Und sie stöhnen, grunzen pur,
wollen sich im Liebesringen
einen Höhepunkt erschwingen.
Ob sie
ihn erreichen werden, steht
nicht fest, denn sie gefährden
mit dem gierigen Verlangen,
in dem sie ineinander drangen,
ihren Aufstieg zum Orgasmus
durch
den ungewollten Kurzschluss,
dem der Uwe in der Muschi
seiner neu - vertonten Uschi
schnell erliegt im Selbstgenuss.

Don`t hit me!

Schlag` mich nicht!

Don`t hurt me!

Verletz` mich nicht!

Don`t horst me!

Mach` nicht den HORST* mit mir

Lars Locker

*Lass mich nicht einfach - ganz überraschend - im Stich, wenn unsere Beziehung Dir einmal zu schwierig wird!

Achtsamer leben

Ein Schwein in menschlicher Gestalt
schiss auf `nen Weg im Ökö-Wald
Bald waren Käfer dort zur Stelle,
um diese Exkrementenquelle
noch vor dem übernächsten Morgen
vereint und emsig zu entsorgen.

Ein Waldgänger entdeckte sie,
bestaunte ihre Energie,
doch merkte er auch die Gefahr,
in der die ganze Käferschar
sich nun befand beim Weg-Entsorgen
und zwar noch lang, bis Übermorgen.

Um ihre Tätigkeit zu stützen,
ihr Überleben mit zu schützen,
umgab er ihren Arbeitsplatz -
rund um den Exkrementeschatz -
mit abgesägten alten Resten
von abgestorbenen Birkenästen.

Wer nun den Weg im Wald betrat,
vielleicht befuhr mit seinem Rad,
der konnt` die Schutzmarkierung seh`n,
und konnt` ihr aus dem Wege geh`n,
konnt` seitlich dran vorbeifahren,
um sie vor Unheil zu bewahren.

Ein Mountainbiker, ein rasanter,
auch sonst als Mensch ein überspannter,
durchraste wie gedopt den Wald.
Dass es nun auszuweichen galt,
das sah er nicht! Schon gab`s `nen Knall
und einen neuen Unglücksfall!

Mit manchen Brüchen an den Knochen
lag er darnieder viele Wochen
und hatte Zeit, nun nachzudenken,
entschied, sein Leben neu zu lenken:
In Zukunft Wege zu gewahren,
um sie auch achtsam zu befahren.

Armer Fred

Weil sich die Welt nicht um ihn schart,
mit ihm begeistert kuschelt,
ist er gekränkt und tönt knallhart:
Man hätt` es ihm verpfuschelt!

Weil sich die Welt nicht um ihn schert,
nicht sein Gebell beachtet,
ist er geknickt und taucht vermehrt
in das, was ihn umnachtet.

Weil sich die Welt nicht um ihn dreht,
wie er es so gern hätte,
wird sie für ihn, den armen Fred,
zur unwirtlichen Stätte.

Bedrohliche Rettung

Die kleine Spinne in der Wanne
verkürzt sich ihre Lebensspanne.
Ihr Aufenthalt ist aus dem Lot!
Denn schnell blüht ihr der Wassertod!

Ich will sie retten, schenke ihr
das frisch gerupfte Klo-Papier
als Rettungslift. Doch sie entflieht,
weil sie sich als bedroht ansieht.

Erleiden wir nicht manchesmal
in gleicher Weise Rettungsqual?
Bedrohliches erscheint uns bald
als die uns rettende Gestalt!

Bett-Rügen

Wer seine Frau im Bett nur rügt,
weil sie ihn nicht genug vergnügt,
betrügt sich selber um die Freuden,
die jeden Rügenden stets meiden.

Er wird sich nur an ihnen weiden,
wenn er sich ihrer Wege fügt,
auf ihnen liebt und nicht
mehr rügt.

Blickverstrickung

Beim
Anblick ihrer prallen Titten,
die den Hormone-Tanz erbitten,
hat er sich mit sich selbst zerstritten
und unter`m Widerstreit gelitten.

Wo war Erlösung bloß inmitten
der Widersprüche, die ihn ritten
im Kampfe zwischen Trieb und Sitten?

Er fand den Mittelweg, den dritten!
Und hat entschieden ihn beschritten,
wenn auch nur unter inneren Tritten
die Blickverstrickung sich beschnitten.

Bösewichteln

Ein jeder meint
aus seiner Sicht,
der andere wär
der Bösewicht!

Lars Locker

Deutsches Wesen

Für den Vorrang in Europa
stritt als junger Mann mein Opa.
Auch mein Vater rang um Sieg
in dem zweiten großen Krieg.
Nach erneuter Niederlage
stellten wir den Weg in Frage.

Die Vereinigung Europas,
frei vom Kriegergeist der Opas,
sie erstrebten wir im Rund,
im vereinigten Verbund.
Nebenbei ist uns gelungen:
Vormacht haben wir errungen!

Wir sind eine Führungsmacht,
ohne dass ein Schuss gekracht,
ganz allein - das ist der Preis -
durch den krankmachenden Fleiß,
der da haust im deutschen Wesen!

Werden wir von ihm genesen?

Die sechste Kokosnuss

Die sechste Kokosnuss, sie bringt
das gierversess`ne Affenwesen
fast zur Verzweiflung, denn es ringt
vergeblich, diese aufzulesen.

Je eine Nuss in seinen Pfoten,
die fünfte noch im Maul verzahnt,
wird uns ein Schauspiel dargeboten,
das an die Grenzen uns gemahnt:

Die Grenzen der Begehrlichkeit,
die uns, wenn wir sie noch beachten,
den Wohlstandswucherwahn entmachten.

Beachten wir sie nicht im Streit
um noch mehr Lebensqualität,
ist es für diese bald zu spät.

Wie jede sechste Kokosnuss
den Affen in Psychosen treibt,
verzweifeln wir im Lebensfluss,
wenn uns zu viel zum Leben bleibt.

Durchschaut

Nun lass Dir bloß nicht einreden,
Du seiest ja doch an allem schuld!
Durchschaut ist das nur eines jeden
geschickt getarnter Ego - Kult,

die eigenen Unzulänglichkeiten
dem jeweils anderen anzulasten,
bei ihm sie weidlich abzuschreiten,
um selbstgeraecht nun auszurasten,

weil der doch am Beziehungs-Patt,
das an der eigenen Seele frisst,
und manchem Kampf bis
zum Schachmatt
in erster Linie
schuldig
ist!

Nun lass
Dir bloß nicht einreden,
Du seiest ja doch an allem schuld!
Durchschaut ist das nur eines jeden
geschickt getarnter Ego-Kult, die eigenen
....

(Endlos-Gedicht)

Ein Glaubenssatz der Titten

Viel schöner ist es, abzuhängen, Viel schöner ist es, abzuhängen,

als im BH, dem viel zu strengen, als im BH, dem viel zu strengen,

sich abgeschottet einzuengen sich abgeschottet einzuengen

in seinen aufgezwungenen in seinen aufgezwungenen

Fängen. Fängen.

Hormoniumsspiele

Fängt mein Hormonium an zu spielen
beim Anblick einer schönen Frau und
lässt mich manch` Intimes fühlen,
halt` ich bald inne bei der Schau.

Mach` mir die Intention bewusst,
die mein Hormonium intoniert,
damit es mich dazu verführt,
mich hinzugeben meiner Lust.

Im Ring mit dem, was angeklungen,
und dem, was bisher mich durchdrungen,
beruhig` ich die Hormoniumsschübe,
werd` ihrer Herr im Reich der Triebe.

Koitussi`s Stussi

Und die
Koitussi meint:
Alle Männer weltweit eint,
durch die Hose nur zu denken
mit dem Wunsch, sich zu versenken
in dem Schoss der Koitussi!
Welch` ein blick-
getrübter
Stus-
si!

Morgenlatte

Das war
eine Morgenlatte,
die er heute morgen hatte!
Doch es ist ein bitterer Fakt:
Sie fehlt meist beim Liebesakt!

Das liegt wohl an seiner Ehe,
dem verwickelten Gedrehe
eingefahrener Beziehung
mit verkrampfter Lust-
bemühung.

Würden sie
ein Herz sich fassen
und sich einfach l^{i}eben lassen,
ohne jenes Krampf-be-mü-hen,
nochmals derart zu erblühen,

wie sie einst von selbst erblühten,
als sie für+ein+an+der glühten,
könnte sich die Chance ergeben
für ein neues Liebesleben,
erektil in jeder Lage.

Parmasanides oder: Alles Käse!

Der Papyrus, den man fand,
als Fragment schon stark zersetzt,
aus dem alten Griechenland,
wird als Sensation geschätzt.

Denn er stammt noch aus der Zeit
jener Vorsokratiker
von einem Asthmatiker
namens Parmasanides.

Seine Botschaft: „Alles Käse!
Riecht zwar übel, aber schmeckt!"
Jung hat er sie ausgeheckt,
diese umwälzende These!

Sie wird unsre Sichten ändern,
unser Bild vom Lebenführen,
von der Mitte zu den Rändern
unser Dasein transformieren.

„Alles Käse, was so ist!
Es stinkt mächtig, aber schmeckt!"
Parmasanides entdeckt uns
die Vereinigung im Zwist!

Neueste Forschungen beweisen,
dass der Name Parmasan
für den Käse, den wir preisen,
wohl entlehnt ist von dem Ahn,
unsrem „Käse-Philosophen"
namens Parmasanides.

Ratschlag eines alte^{r}n$_{den}$ Weisen

Hast Du keinen Arsch mehr in der Hose,
lass` es sein und schenk` ihr keine Rose
als den Startschuss der intimen Chose,
erst ganz unverbindlich und noch lose
mit Geschmeichel und bald auch Gekose.

Wirkt dann Deine lüsterne Hypnose,
hilft Dir vor`m finalen Getose
keine noch so gut gespielte Pose,
hast Du keinen Arsch mehr
in der Hose.

Rumpel Stilzchen`s Weisheiten

Bleibt Dein Stilz-
chen schlaff und klein,
stielst Du es vergeblich ein
und wird Frau nicht übermannen.
Am besten stiehlst Du Dich von dannen!

Wird Dein Stilzchen steif und groß,
findest Du in jeden Schoss.
Hast Du`s rhythmisch abgerumpelt,
wird Dein Stilzchen schlapp und schrumpelt.

Kommst Du dann erneut in Fahrt,
wird Dein Stilzchen nochmal hart
für den nächsten Stilzchen-Akt,
rhythmisch-schnell im Rumpeltakt.

Schaust Du
ihn an als
eines*

Alle
Menschen haben eins!*
Die meisten aber sind meist keins!

Ob Dir Dein Nächster eines ist,
entzieht sich meiner Kenntnis!

Doch eines weiß ich ganz gewiss:

Schaust Du ihn an als eines,
fällt es ihm schwerer
keines zu sein!

* Herz!
oder Arschloch!
Je nach Sichtweise!

These - Antithese - Pro-These

Sie haben sich jahrzehntelang bekriegt:
Die starke These und die grelle Antithese!
Doch keine hat die andere besiegt.

Jetzt leben sie im Wohnheim St. Therese
im Altenteil und sind schon fast vergessen.
Die Jünger suchen sich noch zu messen.

Sie aber hocken an
des Heimes
Tresen!

Und
droh`n sich
manchmal noch,
nach all` der Kämpfe Joch,
mit ihren neuerworbenen Prothesen.

Sich doppelt selbst versehrt!

Ein Mensch begehrt die Nachbarin!
Mit ihr im Bett wär` ein Gewinn
an Lust und Lebensqualität. Doch
leider kommt der Mensch zu spät!

Die Nachbarin hat einen Mann,
den sie nicht einfach lassen kann.
Und auch der Mensch hat eine Frau!
Deshalb weiß er ja ganz genau:

Sein Wunsch führt hin zum Ehezwist.
Drum greift er zu der feigen List,
sich in die FUNtasie zu hüllen
und nur in ihr sich abzustillen.

Doch ist die Nachbarin im Garten,
dann kann er es nicht mehr abwarten.
Er stürmt hinaus und weidet sich
an ihrem Anblick höchst genüsslich!

Heut` hat er nun beim Wollustweiden
so arg und tief gelitten,
dass er sich just beim Büscheschneiden
in eine Hand geschnitten.

Jetzt komm` ihm nicht noch mit Moral!
Es reicht ihm seine Doppelqual:
Weil er die Nachbarin begehrt,
hat er sich doppelt selbst versehrt!

(In Memoriam Eugen Roth)

Ausklang

Trügerisch

Blond-
gestylt und wohlgeformt
sah ich sie - und war entzückt!
Doch ihr Plaudern - wohlgenormt -
hat mich schnell zurechtgerückt
in ernüchterndes Gewahren.

Wohlgeformt und blondgestylt
hat mich wieder `mal ereilt:
Hormonelles Ur-Gebaren,
das stets auf der Lauer liegt,
hat schon wieder mich besiegt.

Ach, wie lang` muss ich noch garen,
bis der Schein mich nicht mehr trügt
weil Präsent(-)sein* mir genügt,
um mich in ihm aufzuklaren
in den noch verbleibenden
Lebensjahren?

War`s das?

War`s das? Das war`s?

Noch lange nicht!

---

* Siehe im Literaturverzeichnis am Ende des Buches unter "Bisher in der Reihe Edition LOS erschienen" den Band 8 "Lasse Los: Präsentosophia - präsent sein - ein Präsent sein"

Bisher in der Reihe Edition LOS erschienen

(Leseproben bei Google Books und BoD. Einige Hörproben auf meinem YouTube-Kanal „Wisdom for future" unter dem jeweiligen Titel)

Band 1: Lasse Los: Im Staunen bin ich frei gesetzt
Gedichte, Lieder, Texte,   BoD Norderstedt 2016, 96 Seiten
ISBN: 978-3-7392-2180-9

*„Manchmal trifft mich ein Gewahren und ich lausche, staune, schaue!
Und es bricht ein Dank mir an! Und ergießt sich, und ich trinke viel zu hastig,
und es fasst mich ein Gebaren, alles zu ergreifen, zu bewahren.
Schon erlischt mir lichtendes Gewahren! Und ich warte und bereue,
doch ich zehre von dem zarten Augenblick, der trotz meiner Gier mich kürt."*
(Hörproben auf YouTube)

Band 2: Lasse Los: Verwunde(r)t Heilsames Misslingen -
Testlauf in der Kunst des Scheiterns, Gedichte und Briefe, BoD Norderstedt 2016, 152 Seiten   *ISBN: 978-3-7392-2997-3*

„Verwunde(r)t" beschreibt in Gedichten und Briefen einen Testlauf in der Kunst des Scheiterns: Das heilsame Misslingen einer Beziehung. Als Gedichtband ist es ein dichterisches Protokoll kurlichtiger Umrundung, kurschattiger Verwund(er)ung, spurwichtiger Erkundung in durchl(i)ebt, durchlittener, neu geschenkter Stundung.

Band 3: Lasse Los: R-AUSGEFLOGEN Ein bunter Abge-
sang auf (s)einen Kreuzweg in und aus real existierender Kirche! Texte, Gedichte und Briefe - BoD Norderstedt 2016, 132 Seiten   *ISBN: 978-3-7392-4493-8*

„Als Täter der kritischen Explikation so manch` einer strittigen Implikation war ich Opfer verborgener Inquisition in einer verbogenen Institution."

Wenn einer tönt, er sei ein Christ, dann prüfe ihn, ob er es ist,
und lausche hin, wie er so klingt, wenn er nicht seine Tönung singt!

Band 4: Lasse Los: Seid ihr noch zu retten - Music-Texti-
vals Texte, Liedtexte und Gedichte,   BoD Norderstedt 2016, 132 Seiten   *ISBN: 978-3-7392-4290-3*
(Hörproben auf YouTube)

An die Nachgeborenen

Ihr, die Ihr nachgeboren seid, Ihr werdet es uns kaum verzeihen,
dass wir in Giervergorenheit uns ausgelebt mit Wuchereien.
Dem Kahlfraß-Wohlstands-Wucher-Wahn, dem wir erbarmungslos uns weihten,
verdankt Ihr Eure Leidensbahn.   Wir lebten noch in fetten Zeiten!
Ihr müsst die mageren Euch teilen, die wir für Euch heraufbeschwor`n,
als wir in Kahl-Fraß-Gier vergor`n. Welch` Schicksal wird Euch wohl ereilen?

Ich wünschte, jene hätten Recht, die glauben, dass die Menschenwelt
im ö-ko-lo-gi-schen Ge-fecht, das Euch den Horizont verstellt, zu retten sei!
Um welchen Preis? Prognosen alarmier`n schon lange!
Hör` ich auf sie, wird mir so bange!
Ich protestier`, auch wenn ich weiß, dass ich nicht viel erreichen kann.
Ich wehr` ihn ab, den Wucherbann und leb` schon ökologischer.

*(In:Lasse Los ...da muss doch noch LEBEN ins Leben rein! Liederbuch
BoD Norderstedt 2017)*

Band 5: Lasse Los: Den Umkehr-Blick wagen!
Wort-Bilder und Gedichte
Farbige Wort-Bilder, paarweise mit Gedichten „garniert"
BoD Norderstedt 2016, 148 Seiten   *ISBN: 978-3-7412-2544-4*
                                    (Hörproben auf YouTube)
*Im schöpferischen Prozess meiner spielerisch vertiefenden Arbeit mit
Worten, Sätzen und Reimen entstanden im Laufe der Zeit auch etliche
Wort-Bilder, von denen ich hier eine Auswahl präsentiere.*
*Die Anordnung folgt keiner Systematik, sondern dem Alphabet. Neben
jedem Wort-Bild erscheint ein Gedicht oder eine Erläuterung zum
weiteren meditativen Innehalten.*   *Lasse Los*

Band 6: Lasse Los: … dennoch J A zum Leben sagen!
Musik-Text-Collagen
BoD Norderstedt 2016, 100 Seiten   *ISBN: 978-3-7412-7074-1*
                                    (Hörproben auf YouTube)
*In "...dennoch JA zum Leben sagen!" präsentiere ich eigene Musik-
Text-Collagen zu bewegenden Schicksalsbüchern. Drei tragische
Schicksale von Gesine Wagner, Etty Hillesum und Martin Gray
kommen mit ihrem Ringen um ein tragiktragendes Vertrauen und
einen Lebenssinn trotz alledem in Texten und Liedern zur Sprache und
zu Gehör.*   *Lasse Los*

Band 7: Lasse Los: Der GEIST weh(r)t (sich), wo er will!
Kirchenkritisches
Gedichte, Wortbilder und Texte
BoD Norderstedt 2017, 172 Seiten   *ISBN: 978-3-7448-3360-8*

*In "Der GEIST weh(r)t (sich), wo er will!" präsentiere ich nach 25jähriger
kirchlicher Mitarbeit meine grundsätzliche Kirchen- und Konfessionskritik
in Gedichten, Wort-Bildern und Texten, wie ich sie schon in
"R-AUSGE-FLOGEN" (Band 3) gestartet habe*

DIE KIRCHE STIRBT

STOPP- die KIRCHE stirbt- **STOPP-** und in ihr wirbt- **STOPP-** ein alterndes
geglaube um sein gnadenbrot- **STOPP-** hab` mitleid mit der armen- **STOPP-**
und misch in das erbarmen- **STOPP-** die zuversicht, wenn altes bricht -
STOPP- erhebt sich bald schon wieder neu - **STOPP**:
L E B E N D I G E S !

Lasse Los

Band 8: Lasse Los:
Präsentosophia – präsent sein – ein Präsent sein
Wort-Bilder - Texte - Gedichte - BoD Norderstedt 2021

ISBN: 978-3-7543-5664-7

"Auf meiner Suchwanderung zu dem, worum es im Leben eigentlich geht, habe ich viele Wege ausprobiert. Manche entlarvten sich als Sackgassen, andere erwiesen sich als Irrwege, und einige wenige entpuppten sich als Hinwege. Eine existentialistische Wende in der Jugend, neomarxistisch getönt, eine spirituelle im jungen Erwachsenenalter wurden nach langjährigem intensiven Ringen in einer Nullpunkt- Widerfahrnis gekrönt durch die **Präsentische Wende.** *In einer jähen intuitiven Gewahrens-Offenbarung eröffnete sich mir die* **Präsentosophia** *mit ihrem Kernmantra „präsent sein - ein Präsent sein" in Kurzformel:* **Präsent(-)sein.** *Damit hatte ich endlich gefunden, wonach ich immer gesucht habe: Die Transformation von Existentialität, Sozialität und Spiritualität in die* **Präsentalität.** *In diesem Band lege ich darüber in Gedichten, Texten und Wort-Bildern Rechenschaft ab."* Lasse Los

Band 9: Lasse Los: Jetztseits leben   Gedichte und Texte
BoD Norderstedt 2020, 112 Seiten   *ISBN: 978-3-7448-3360-8*

„Jetztseits" ist ein Wort, dass die Schriftstellerin Luise Rinser in einem Brief an den Theologen Karl Rahner kreiert hat. „Ganz entspannt im Hier-und-Jetzt" hieß es seit den 70er Jahren bei Osho, dem indischen Guru, und seiner Bewegung. Das hat die Werbung heute geschickt aufgegriffen, um mögliche Konsumenten für ihre umworbenen Produkte zu gewinnen. Mit „Jetztseits leben" ist aber viel mehr gemeint: Ein gutes sinnvolles gelingende Leben aus der Kraft der GEGENWART! Es ist das Thema aller meiner Bücher, jeweils mit unterschiedlichen Schwerpunkten und verschiedenen Titeln. In diesem Gedichtband entfalte ich es im Dreierschritt: Jetztseits im Erleben Jetztseits im Leben - Jetztseits im Leiden. Lasse Los

Band 10: Lasse Los ...da muss doch noch LEBEN ins Leben rein! Liederbuch
71 Lieder mit Noten und Akkordsymbolen aus drei Jahrzehnten
BoD Norderstedt 2017, 154 Seiten   *ISBN: 978-3-7460-2901-6*

(Hörproben auf YouTube)
„In meiner langjährigen soziokulturellen Arbeit mit Jugendlichen und Erwachsenen war meine Musikarbeit ein bedeutsamer Schwerpunkt. (Siehe Übersicht in "Lasse Los: R-Ausgeflogen") Neben Music-Textivals mit tiefen-ökologischen und spirituellen Gleichnissen (Siehe "Lasse Los: Seid Ihr noch zu retten?") schrieb und komponierte ich Musik-Text-Collagen zu bewegenden Schicksalsbüchern (Siehe "Lasse Los: ...dennoch JA zum Leben sagen!") die ich mit den Bands PAXOPHON und VETOREX und dem Gesangsensemble SALVATON einstudierte. In verschiedenen Kirchen, in Gemeindehäusern, in Kulturzentren, bei Eine-Welt-Tagen, auf Rügenfreizeit-Tourneen und während der Deutschen Evangelischen Kirchentage brachte ich sie mit Erfolg zur Aufführung. Daneben schrieb und komponierte ich weitere Lieder zu Überlebensfragen und Fragen über das Leben. Die mir noch wichtigen präsentiere ich hier mit den Liedern aus den Music-Textvals und den Musik-Text-Collagen." Lasse Los

Band 11: Lasse Los: UMKEHREN oder UMKOMMEN?
Gedichte und Lieder zur ökologischen Weltlage
BoD Norderstedt 2020,132 Seiten   *ISBN: 978-3-7504-3293-2*

„UMKEHREN oder UMKOMMEN?
Entsorgt den Wohlstandswucherwahn! Es kostest sonst die Welt!"
umkreist mit Gedichten und Liedern die aktuelle weltweite
ökologische Krisenlage und einen Wandlungsweg aus ihr in einem
Dreierschritt:
A. Was der Fall ist - Fallstricke gefallen
B. Was der Fall sein könnte - Fallstricke fallen
C. Auf alle Fälle ein neuer Fall - Das LEBEN im Leben"   *Lasse Los*

Band 12: Lasse Los: Worum geht es eigentlich?
Gleichnisgedichte, farbige Wort-Bilder und Gedichte
BoD Norderstedt 2020,144 Seiten   *ISBN: 978-3-7504-1384-9*

„Im Ringen um ein gutes gelingendes Leben drängte sich mir immer
wieder die Frage auf: >>Worum geht es eigentlich?<< Als Antworten
beglückten mich oft gleichnishafte Einfälle, die ich manchmal reimend
verdichtete. Diese Gleichnisgedichte künden von einem LEBEN im
Leben, das es zu verstehen und ins eigene Leben umzusetzen gilt.
Darin übe ich mich nun schon seit Jahrzehnten. Dabei klaren mich
auch meine gefundenen Gleichnisse auf."   *Lasse Los*

Band 13: Lasse Los: Aufgang im Untergang
LEBEN im Leben, im Sterben, im TOD? UND   NUN?
Gedichte, Wort-Bilder, Texte
BoD Norderstedt 2020, 144 Seiten   *ISBN: 978-3-7494-9652-5*

„Nach deutender Beurteilung empirischer Befunde tendiert man
heutzutage mehrheitlich zur   Auffassung, der Tod sei stets ein
Untergang und nicht vielmehr ein Aufgang ins „jenseitige Leben".
Nach nüchterner Prüfung empirischer Befunde tendiere ich zur
Auffassung, der Tod sei nicht ein Untergang, er sei vielmehr ein Auf-
Gang ins pure LEBEN, das manches Mal das Leben durchlichtet. Mit
Gedichten, Wort-Bildern und Texten umkreise ich dieses gewaltige
Thema."   *Lasse Los*

Band 14: Lasse Los: Stillende Stille - Still werden - In Stille
sein - Gestillt sein - Stillend sein   Gedichte und farbige
Wortbilder - BoD Norderstedt 2020. 112 Seiten
ISBN: 978-3-7519-0276-2

„In diesem Gedichtband geht es um die heilende Kraft der Stille im
Rhythmus des Viertakters: Still werden - In Stille sein - Gestillt sein -
Stillend sein. Die ersten drei Takte führen tief hinein in die Stille. Im
vierten Takt öffnet sich der in Stille Gestillte der Mitwelt und ihren
vielfältigen Herausforderungen mit stillenden Lösungen."   *Lasse Los*

Band 15: Lasse Los: Nichts als Worte! ???

Wort-Bild-Galerie - schwarz-weiße und farbige Wort-Bilder
BoD Norderstedt 2020, 132 Seiten   *ISBN: 978-3-7504-9798-6*

„In diesem Band präsentiere ich ausschließlich Wort-Bilder als Wort-Bild-Galerie. Sie dienen einem meditativen Innehalten, in dem sie ihre Botschaft tiefer entfalten können. Jedes Wort-Bild steht auf je einer Doppelseite für sich und kann so noch mehr zum meditativen Gewahren und Wirkenlassen beitragen."   *Lasse Los*

Band 16: Lasse Los: Kurz und wendig

Aphorismen und Kurzgedichte - BoD Norderstedt 2020,
152 Seiten   *ISBN: 978-3-7519-4908-8*

„In >kurz und wendig< präsentiere ich Aphorismen und Kurz-gedichte, die sich mir in den Jahren meiner dichterischen Arbeit „nahelegten". Ich habe sie nicht thematisch sondern alphabetisch angeordnet. So lassen sich gesuchte Stichworte schneller finden. Die alphabetisch bedingten thematischen Sprünge im Ablauf der Texte können als Nebeneffekt ein kurz-und-wendiges kreatives Nachdenken und ein meditatives Innehalten auslösen. Das gibt dem Ganzen noch eine zusätzliche Würze."   *Lasse Los*

Band 17: Lasse Los: EIS-Zeit – EYES-Zeit – eYES-Zeit

Gedichte und Lieder
BoD Norderstedt 2020, 124 Seiten   *ISBN: 978-3-7519-4908-8*
                    (*Hörproben auf YouTube)*
„Im Rahmen meiner Jugendkulturarbeit organisierte ich mit Jugendlichen und jungen Erwachsenen der Projektgruppe KuMuLi (Forum für Kunst, Musik und Literatur) zweimal jährlich Jugendkulturtage, jeweils unter einem kreativen Motto. Es fanden neben anderen interaktiven Angeboten Kunstausstellungen jugendlicher KünstlerINNEN, Musikdarbietungen jugendlicher Bands und Lesungen jugendlicher SchriftstellerINNEN und DicherINNEN statt.
Bei den Jugendkulturtagen im Oktober 1999 unter dem ausgefallenen Motto „EYES-Zeit" bot auch ich eine Lesung meiner Gedichte, Aphorismen und Lieder zur Thematik als >A B C der EYES-Zeit< mit dem Titel: >EIS-Zeit - EYES-Zeit – eYES-Zeit< an. Da sie eine zeitlose ist, präsentiere ich in diesem Band eine überarbeitete und leicht erweiterte Fassung."   *Lasse Los*

Band 18: Lasse Los: Oh Jesses! Dieser Jesus!

Annäherungen Gedichte, Texte, Wortbilder
BoD Norderstedt 2021, 144 Seiten   *ISBN: 978-3-7526-8488-9*

„In diesem Band präsentiere ich in Gedichten, Wort-Bildern, eigenen Texten und ausgewählten Zitaten einen bunten Strauß der Ergebnisse meiner fast 50jährigen Annäherung an die Jesus-Gestalt und ihre gewandelten Auswirkungen auf mein Denken und Erleben.

Dabei greife ich auch auf einige Texte und Gedichte aus meinen früheren thematisch verwandten Büchern zurück: „R-Ausgeflogen" und „Der GEIST weh(r)t (sich), wo er will!" Die Gedichte, Texte und Zitate sind unter den jeweiligen Schwerpunkten alphabetisch oder auch bunt angeordnet. Die dadurch bedingten thematischen Sprünge können beim Mit-und-Nachdenken ein meditatives Innehalten auslösen. Das gibt dem Ganzen seine eigene Würze."

Lasse Los

Band 19: Lasse Los: Kreuz-Plus-Symbol-Imagination
Text-Bild-Collage, BoD Norderstedt 2021. 168 Seiten

ISBN: 978-3-7534-8249-1

„Das älteste der Symbole der Menschheit, das in allen Kulturen und Religionen aufscheint und das in wechselnder Dichte und Gestaltung als die Grundaussage erfahren wurde und noch erfahren wird, ist das Kreuz." (A. ROSENBERG, Symbolforscher)

Die Imagination des Kreuzsymbols als Ur-Symbol der Ganzheit und des Menschen eröffnet Wege zum ganzen Menschen in wahrer SELBST-Entfaltung. Mit der Entdeckung des Kreuzsymbols als Ur-Symbol entfaltete ich sowohl in fortlaufenden Gruppen als auch in mehrtätigen Seminaren eine fruchtbare Imaginationsarbeit, die hier dargestellt wird.

Lasse Los